中国手作——传统手工艺匠心系列丛书

绣艺绮丽

Xiuyi QiLi

王锦强 ◎ 审定
周莉芬 ◎ 主编

中国科学技术出版社
·北京·

图书在版编目（CIP）数据

绣艺绮丽 / 周莉芬主编 . —北京：中国科学技术出版社，2023.3

（中国手作——传统手工艺匠心系列丛书）

ISBN 978-7-5046-9946-6

Ⅰ.①绣… Ⅱ.①周… Ⅲ.①刺绣 – 手工业者 – 介绍 – 中国 Ⅳ.① K828.1

中国国家版本馆 CIP 数据核字（2023）第 031633 号

策划编辑	徐世新
责任编辑	孙 璐
封面设计	锋尚设计
版式设计	锋尚设计
责任校对	吕传新
责任印制	李晓霖

出 版	中国科学技术出版社
发 行	中国科学技术出版社有限公司发行部
地 址	北京市海淀区中关村南大街 16 号
邮 编	100081
发行电话	010-62173865
传 真	010-62173081
网 址	http://www.cspbooks.com.cn

开 本	710mm×1000mm 1/16
字 数	200 千字
印 张	13.25
版 次	2023 年 3 月第 1 版
印 次	2023 年 3 月第 1 次印刷
印 刷	北京瑞禾彩色印刷有限公司
书 号	ISBN 978-7-5046-9946-6/K・346
定 价	98.00 元

（凡购买本社图书，如有缺页、倒页、脱页者，本社发行部负责调换）

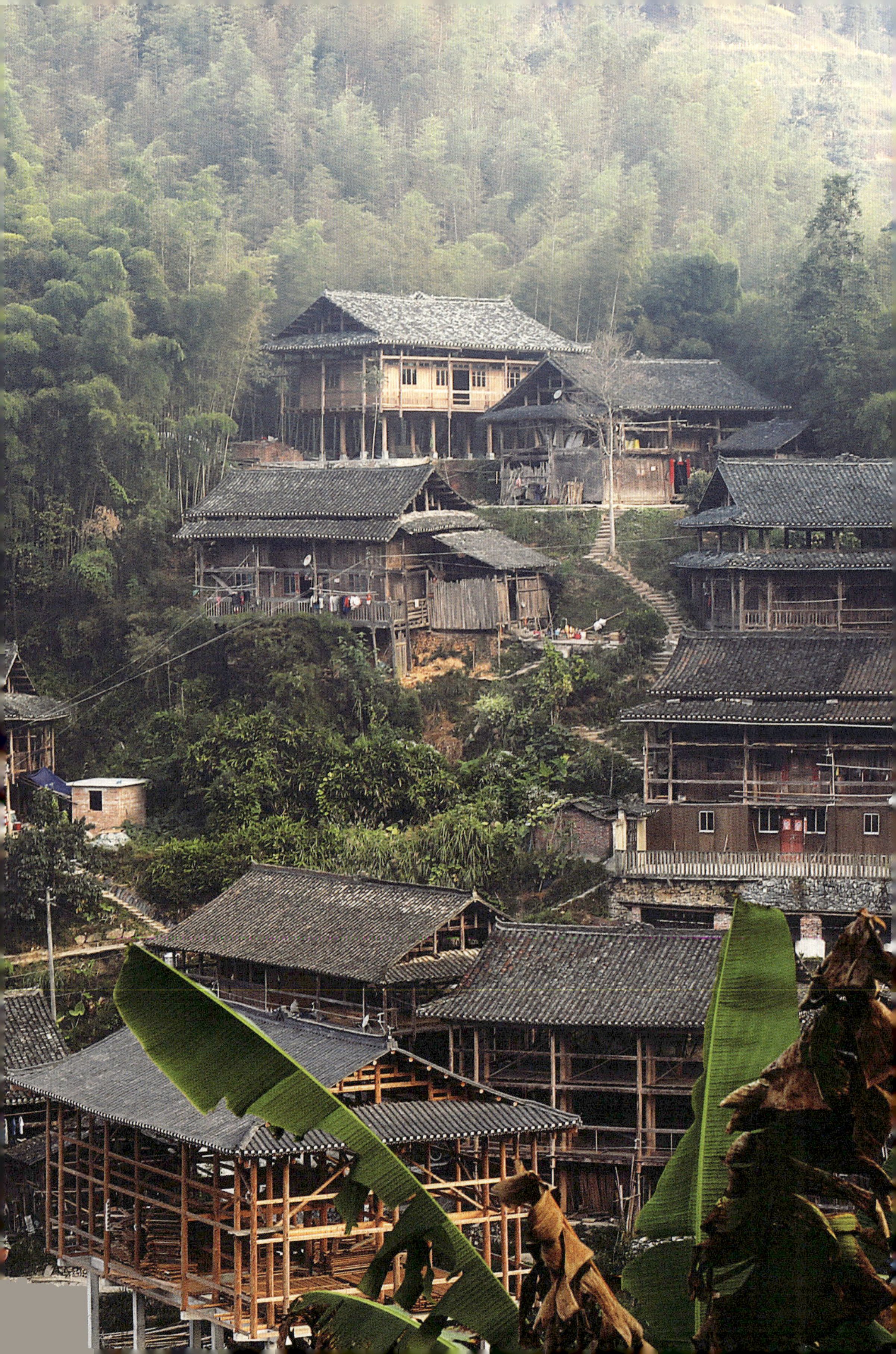

编委会

总 顾 问　王锦强
学术顾问　覃桂珍　杨　甜　张柏如　粟田梅　奉雪妹
　　　　　　符秀英　张潮瑛　孙艳玲　邬学强　宋水仙
　　　　　　韦桃花　姚建萍　姚　兰　郝乃强
主　　任　周莉芬
副 主 任　刘　蓓　卜亚琳　刘　稳　陈　晨　蔡　卉
　　　　　　张一泓　袁　静　石舜禹　杨　洋　林毓佳
委　　员　郭海娜　崔　倩　薛　萌　彭世帆　张　阳
　　　　　　樊　川　于丽霞　饶　祎　赵　景

引言

日暮堂前花蕊娇，争拈小笔上床描。
绣成安向春园里，引得黄莺下柳条。

——唐·胡令能《咏绣障》

这首优美的古诗，前两句生动地刻画了绣女们刺绣的场景，后两句通过描写黄莺飞下枝头，一探绣屏的动作，在无言中赞叹了技艺之工巧和绣品之精美。

刺绣，是中国古老的手工技艺之一，在古代称为"黹（zhǐ）""针黹"，因往往都由女性掌握，故又是"女红"文化的重要组成部分。说起刺绣的起源，可以追溯到原始社会时期，那时的人们习惯用文身或文面来装饰自己。自从纺织技术发明以后，逐渐有了麻棉、丝织品等布料的衣服，为了表达对美的追求，人们便开始在衣服上绣制各种图样以作装饰。

《尚书·虞书》中记载了大禹以"日、月、星辰、山、龙、华虫、宗彝、藻、火、粉米、黼、黻"为内容的"十二章"刺绣纹样规则，首开"章服制度"之先河。清代《凤氏经说·终南》对葛布刺缀十二章纹样有如下记载，"孤卿三者曰絺衣。絺，紩以为绣也。"周代时，已经有"绣缋共职"的记载，大意是说用绣线将绘画绣制在织物上面。两汉时期的绣品已经达到了一个相当高的水平了。到了唐宋时期，随着社会的开放，不同文化的交融，这一时期的刺绣针迹均匀、色彩丰富、题材多样、品种繁多，其中临摹书画的绣品，有些无论从用色还是技巧来看，都更胜于原作。时至明清，由于管理刺绣的行政机构的设置以及民间刺绣行业组织的兴起，使得刺绣从作坊生产走向了产业化发展。

几千年来，刺绣先后产生了以苏绣、粤绣、湘绣、蜀绣为首的"四大名绣"，以及各个地方独具特色的刺绣，如汉族地区的京绣、鲁绣、汴绣、瓯绣、杭绣、汉绣、闽绣等，少数民族地区的瑶、苗、黎、满、白、侗、壮等民族刺绣。

经典的刺绣作品世代相传，这不仅是刺绣作品的传承，更是这些绣品中所蕴含的文化的传承。刺绣，承载着传统文化精神，体现了多种文化的融合。因此，刺绣不单单是一门技艺，更是中华传统文化的瑰宝。

为了能更好地弘扬刺绣技艺，让更多人尤其是当下的年轻人能够认识、保护及传承这门古老的技艺，本书从中国浩瀚的刺绣海洋中，从传承性、民族性、历史性等角度出发，选取了九种具有代表性的刺绣技艺进行解读。本书抛开刺绣技艺枯燥、乏味的技术本身，从多个维度剖析它们，即第一维度，从一幅作品出发，向读者介绍它的绣种及特色；第二维度，从技艺人的角度，引领读者了解这门绣艺当下的发展情况；第三维度，通过图文结合的方式，展示绣品的制作过程；第四维度，从历史的角度，展现绣艺的发展脉络；第五维度，从产生地的角度，探析绣艺的产生及发展之谜；第六维度，从文化的角度，阐述绣艺中所蕴含的人文记忆。

俗话说，一方水土养育一方人。同理，不同地方的刺绣从诞生那一刻起就带有特定的符号。本书中介绍的九种绣艺，就完美体现出了这一特征。下面我们简单地介绍一下这九种刺绣技艺，方便读者们能够对它们树立起大致的轮廓。

侗绣融合了纺织、印染、剪纸、刺绣等多种工艺。侗族没有自己的文字，侗族人就以神话故事、歌词等口头文学及宗教形式，把自己的历史、图腾崇拜等思想意识传给后裔，人们有意无意地把图腾崇拜与生活的各种行为相联系，自然而然地在侗绣中表现出来。

侗锦的工艺可分为织花和挑花。侗锦图案的题材和内容颇为丰富，描绘对象有日月星辰、山水人物、飞禽走兽、花木虫鱼，可谓包罗万象。侗族人通过侗锦表达对祖先的崇拜、对大自然的热爱和对美好生活的无限向往。

花瑶挑花绣是湖南省隆回县瑶族女子的一项传统技艺。花瑶挑花绣其图形丰富、色彩多样，体现了丰富的文化内涵。花瑶挑花艺术具有原生态的美，富有写意性，其花纹大多是从自然界中获取的，例如太阳纹、蕨叶纹、勾勾藤、牡丹纹等。

黎锦距今已有三千多年的历史，因图案具有浓郁的民族性和艺术性，被誉为承载黎族历史传统的符号。黎族主要有"哈""杞""润""赛"和"美孚"等方言区，因语言、习俗、地域的差异，也使得黎锦在不同的方言区各有其独特的风格。

渤海靺鞨绣又名满绣，是流传在东北满族的传统民间工艺，是东北地区以牡丹江为中心的满族刺绣品的总称。该工艺融入了东北独特的山地文化，刺绣出来的作品色彩艳丽、透视逼真。渤海靺鞨绣由于地缘环境的原因，其作品透露着粗犷豪放的东北风土人情。渤海靺鞨绣还被誉为"刺绣中的油画"。

蜀绣，因其产地，又被称为"川绣"，与苏绣、湘绣、粤绣并称"中国四大名绣"。蜀绣的主要原料是软缎和彩丝，蜀绣具有色彩鲜艳、形象生动、针脚平齐、变化丰富等特点。蜀绣喜欢临摹古代名家画作，如苏东坡、郑板桥、陈老莲等人的作品。

马尾绣是水族人用马尾绣制的绣品，其精美绝伦、华丽大方、具有浮雕质感，远远望去宛若一幅彩色浮雕。马尾绣一般会选取深色为底色，图案先用无彩色丝线进行勾勒，再用丰富的彩色丝线来缓和协调，使整个图案呈现出繁复秀丽的效果。

苏绣居中国刺绣之冠。苏绣具有图案秀丽、构思巧妙、绣工细致、针法活泼、色彩清雅的独特风格，地方特色浓郁。绣技具有"平、齐、和、光、顺、匀"的特点。

缂（音同：刻）丝，又被称为"尅丝""刻丝"，从字面意思理解就是"被雕刻的丝绸"。缂丝是我国最传统的一种挑经显纬的丝织工艺，因其雕刻版的视觉效果，使其极具欣赏性和装饰性。人们习惯用黄金来比喻缂丝的珍贵，即"一寸缂丝一寸金"。

本书中讲到的这九种刺绣，仅仅是中国刺绣的一小部分，还有许多优秀的刺绣种类由于篇幅的原因没有介绍到。

比如"中国四大名绣"之一的湘绣，湘绣是带有鲜明湘楚文化特色的湖南刺绣。因湘绣讲究色彩的阴阳与浓淡，针法追求变化，丝线细致，所以绣品呈现出色彩丰富艳丽，图案形象生动逼真的效果。比如湘绣的动物毛纹细腻刚健，眼睛炯炯有神，可以假乱真。

与苏州缂丝齐名的南京云锦，是一种提花丝织工艺品。云锦的制作工艺非常的传统，如今它依然使用老式提花木机织造。云锦的配色非常丰富与华丽，往往一件作品会用到多达八十种的丝线，从而使得云锦形成了富丽典雅、质地坚实、花纹优美的风格。

沂蒙挑花绣是山东挑花的主要代表，是沂蒙民间刺绣的重要组成部分，它融绘画、剪纸、刺绣、织锦于一体。沂蒙挑花绣的题材非常丰富，上天入地、土长水生的动植物均可入绣。因沂蒙地区的自然环境恶劣，使得沂蒙挑花更注重实用性，所以沂蒙挑花具有整洁精致、朴素自然、结实耐用的特点。还因该地区人们淳朴的性格，沂蒙挑花蕴含着质朴、稚拙的美感。

贵州黔东南偌（gě）家蜡染，偌家人语言属于汉藏语系苗瑶语族，无文字，目前是苗族的一个支系。偌家蜡染表述着偌家民族朴实的意念追求和浓厚的感情色彩，还孕育着偌家人丰富的民俗内涵和哲理。偌家蜡染在制作上自成一体，讲究对称工整，夸张合理，纹理均匀，图案和线条洁白无染、无断痕等。

博大而精深的刺绣技艺源远流长，它以其独特的技艺魅力及艺术内涵在中国传统工艺史中占据着非常重要的位置。刺绣因其纹样充分反映了中国文化在各个历史时期的文化特征和审美特点，而被誉为鉴赏中国历史文化的活化石。同时刺绣的发展经历了一个漫长的过程，它不仅凝聚了中华民族的智慧和文化；还随着丝绸之路及海上贸易的打开，融合了舶来的优秀文化及技艺。总而言之，刺绣是我国古代劳动人民在长期的社会实践中形成的一种特殊技能，因其与人们的生活息息相关并延续至今，因此是历史留给我们的一份十分珍贵的非物质文化遗产。

当下，随着工业化与科技化的发展，手工制造被逐渐地取代；快节奏的生活、碎片化的时代，让人们对时间的概念无形中被压缩。在这些因素影响之下，随着老一辈刺绣艺人的离去，技艺的传承出现了断层，刺绣的发展受到了巨大的冲击，那么该如何保护和传承刺绣，如何让刺绣再现辉煌？

本书尝试通过多角度的挖掘刺绣文化背后的人文以及艺术内涵，让读者能够多角度地了解刺绣，了解刺绣背后的人、故事、历史和文化，从而激发出对刺绣这门技艺的兴趣和关注度；同时也想通过手工艺人对这门手艺的传承和创新发展，给刺绣在当代的发展提供一个参考模式。如今，我们应当用新的思路去解读传统技艺，让传统与现代相结合，使传统技艺不断适应客观形势发展的需要，获得经久不衰的生命力，这是民间艺术发展的潮流与趋势，也是传统技艺焕发青春与活力的时代特征。

目 录

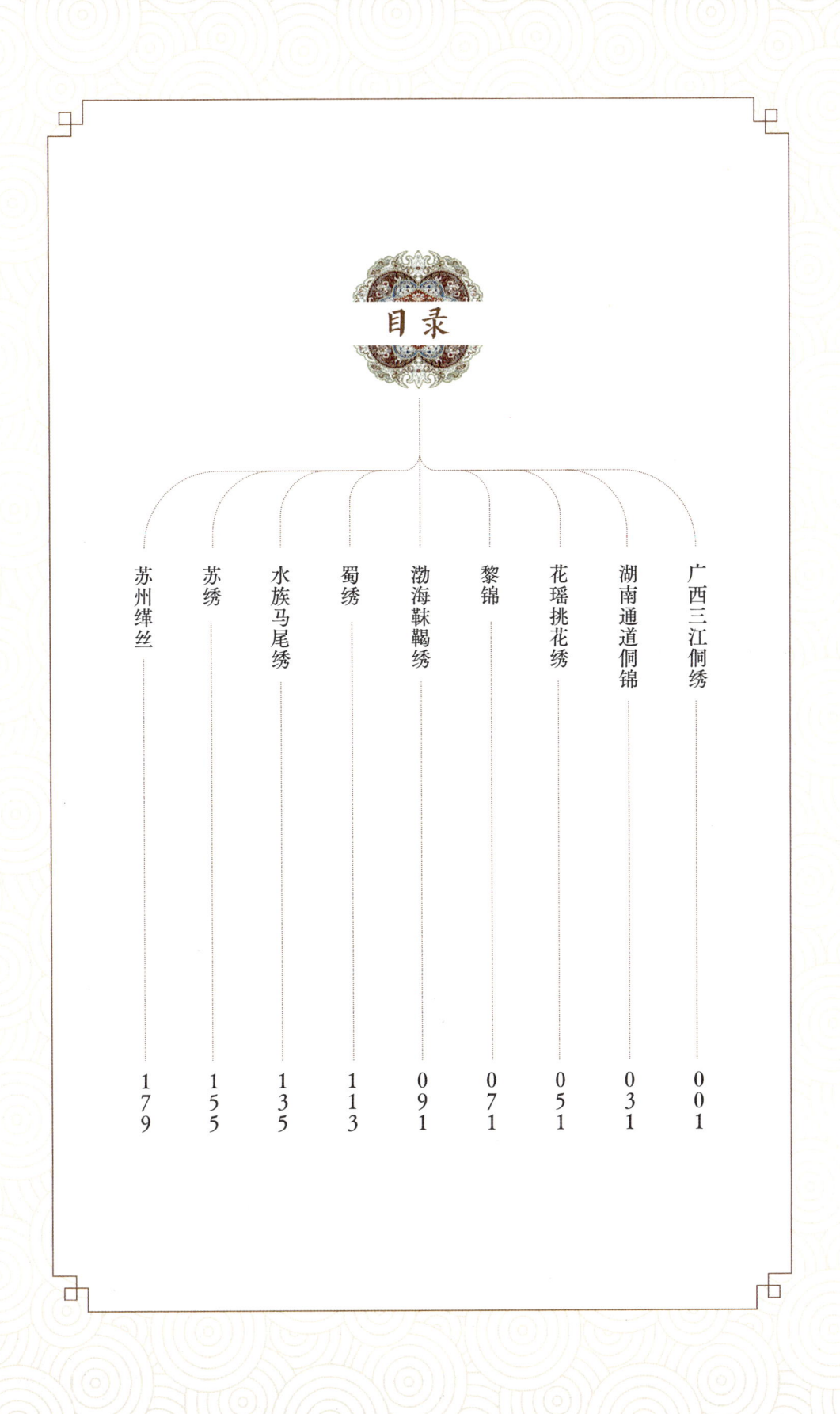

条目	页码
广西三江侗绣	001
湖南通道侗锦	031
花瑶挑花绣	051
黎锦	071
渤海靺鞨绣	091
蜀绣	113
水族马尾绣	135
苏绣	155
苏州缂丝	179

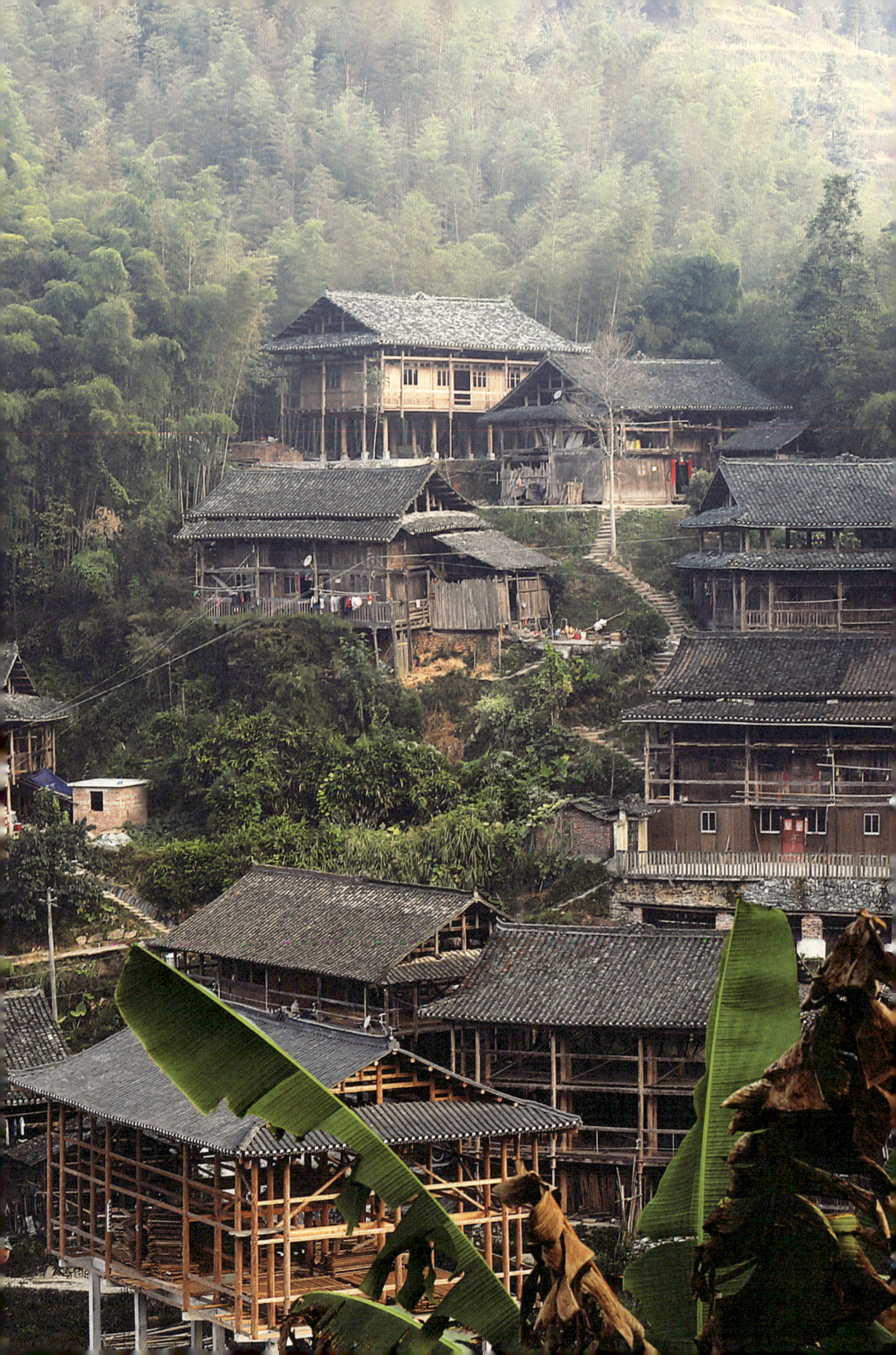

广西三江侗绣
Guangxi Sanjiang Dongxiu

一件作品

右图中这个色彩丰富的服饰，是侗族小孩长方形连围裙的口水围的局部。口水围一般分为三个部分，上面的长方形相比较窄；中间会开一个圆领，方便佩戴，因为是孩子穿戴，所以背部会穿上一排铜钱作为装饰，走动中，会发出叮当声；下面的长方形较宽，作为围裙，一般采取织锦装饰，图案美观大方。

口水围

织锦装饰一角

织锦装饰

　　这件口水围周边绣有侗族的传统抽象几何图案，中间明显的部位绣有一个龙形的图案。这种构图的结合，完美地体现出了侗绣的风格特色，即自然、朴素、大方。

◈ 侗族的指尖艺术

　　侗族妇女习惯自己织布来制作衣服，并且还会在布料上按照剪出的绣样进行刺绣。这些刺绣色泽鲜艳、图形多样，让整套衣服显得既美丽，又不失民族特色。从侗族妇女的服饰来看，她们习惯于在袖口、背带、腰围等处进行装饰。

　　侗绣工艺的表现特质取决于针法的选择与运用，常用的针法有平绣和戳纱绣。平绣，即铺绒绣，是以平针为基础的绣法。因平绣的针法丰富、线迹精细，使得绣品呈现出平整顺滑、色彩鲜明的特点。戳纱绣又称纳绣、纳纱或穿纱，是一种传统刺绣工艺。戳纱要在方格纱的面料上数着纱线或格子进行刺绣，绣线需平行于经线或纬线，线迹的长短有"串二""串三"等变化。戳纱绣色彩明丽、饱满，图案富有观赏性和装饰性。

侗族腰围

侗绣融合了纺织、印染、剪纸、刺绣等多种工艺。侗绣是侗族服饰的精华部分，是中华锦绣百花园中的一朵奇葩，亦是侗族妇女指尖上的艺术。

平绣

在日常生活中，也常见侗绣的身影，如卡包、婴儿背带、烟袋、挎包等。侗族妇女们为了展示自己的绣技，在居家用品中都会绣上代表吉祥、祝福的美丽图案，来表达希望自己和家人平安、幸福的美好愿景。

侗族刺绣童帽（男） 　　侗族刺绣童帽（女）

侗族人生活环境一角

侗族刺绣背带

侗族轴绣凤鸟

侗族轴绣云龙纹背笼

广西三江侗绣

❀ 侗绣的特色

❀ 先剪后绣

　　侗绣在刺绣工序开始之前，需要先剪出图案，然后将剪样放在底布上，这样让刺绣看起来更有立体感。因为底布已经将剪样包好了，所以就算湿水也不用担心剪样会被破坏，这是做侗绣区别于其他刺绣的一大特点。

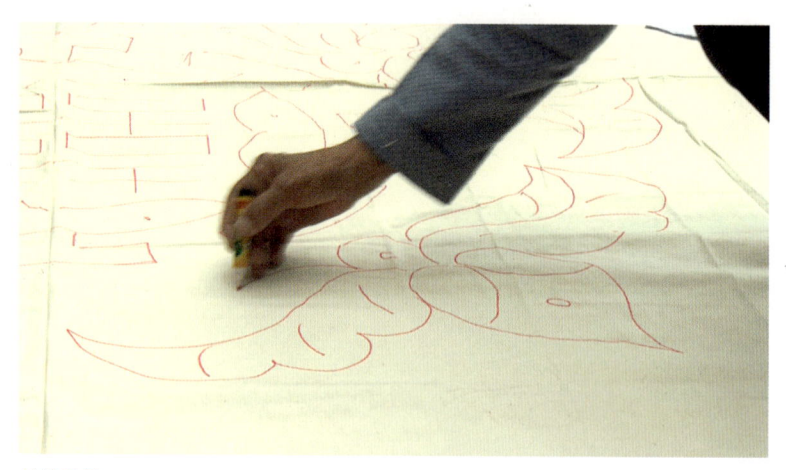

刺绣画图

❀ 配色讲究

　　地域和绣品不同，侗绣的配色会存在差异。但从总体上来看，侗绣的底布一般多采用单色，而且偏于原色和重色，而绣线则选取鲜艳的颜色，与底布形成鲜明的对比。以背带为例，多以黑色绒布作底，再选用红绿色的绣线来刺绣图案。因居住在桃花盛开的地方，所以侗族妇女偏爱粉红色作为她们设计的主色调，另外又因依山傍水，触目所及均是绿色，所以绿色也是侗族的所爱。

侗族红绿绣线图案

❀ 独特的几何图形

侗绣中的图案还是比较固定的,比如鸟纹、雷纹、人纹等。由于绣布纹理的原因,绣娘在刺绣的时候,针线的走向会呈直线,整体上为几何图形。侗绣的几何图形是有史可寻的,从百越新石器晚期到春秋战国时期发现的一些几何形印纹陶上,就可以找到侗绣上几何纹的雏形。经过上千年的历史,侗绣技艺在实践中得到了不断地提升和发展,侗绣几何纹的内涵更民族化、图案的变化也更美观化。

侗族龙蝶花卉纹绞绣

广西三江侗绣

侗族龙纹绞绣背扇

侗族几何纹

侗族几何纹

一位有缘人

❀ 剪纸艺人覃奶时清

覃奶时清已经94岁了,她从7岁开始学习剪纸,到现在已经过去了87年,至今她依然还在剪纸。会剪纸的人本就不多,再加上时间流逝,很多会剪纸的老人渐渐地离开了人世,而今,覃奶时清是同乐乡里老一辈的剪纸能手中仅存的一位了。

覃奶时清用大剪刀将香烟纸壳剪成中意的尺寸,然后用小剪刀剪出图纹。她虽已年迈,但剪纸的双手却非常地沉稳。在漫长的时间积累中,练就了她双手的肌肉记忆,使得她很快就能剪出一只老虎、一只兔子、一朵蜘蛛花等花样。

剪纸

◈ 传承人覃桂珍

对于大城市的向往和追求，让更多的年轻人离开了家乡，踏上了都市生活的道路，而覃桂珍却反向而行，她离开繁华的都市，回到了三江县，一头扎进寂寞的侗绣中。她回归故乡，传承侗绣，很大程度上是受其家庭影响。她的奶奶覃奶时清是当地有名的剪纸艺人，专门给绣娘们提供用于刺绣的剪纸底稿；她的妈妈韦清花和伯母杨甜，则是侗族刺绣的自治区级传承人。

覃桂珍自小有奶奶的剪纸做底稿，又有母亲的教导，很早就开始绣花。但随着年纪渐长，读书、工作，她和许多女孩一样，同传统的侗绣渐行渐远。但

侗绣

侗寨风情

因听到了妈妈感慨侗绣后继无人,从2017年起,覃桂珍成为一名专职的绣娘,她和母亲合作的绣品也曾多次获奖。

为了让更多的人学习和认识侗绣,她们一家人在县城里租了一个地方,并起名为"清花绣坊",以其母亲的名字命名。覃桂珍计划把这个地方作为展示侗族刺绣的场所,让侗族的年轻人能够更深入地了解自己民族的侗绣工艺。

非遗匠人:杨甜

从自治区级"非遗"传承人、广西工艺美术大师,到2017年12月27日被授予"柳州工匠"荣誉称号,56岁的三江侗绣博物馆馆长杨甜已成为侗族刺绣的推广大使。多年来,她一直为推广、传承三江侗绣奔走在路上。

柳州全景

杨甜出生于三江侗族自治县同乐苗族乡。按照侗族的习俗，母亲要教会女儿刺绣、织布等手艺，所以从7岁起，杨甜就跟在母亲、姐姐身边，开始学习刺绣，因此她对侗绣的情结来源于家传。成年后的杨甜嫁入了当地的覃家。来到婆家，她发现婆婆覃奶时清也是一名刺绣高手，尤其是剪纸方面的造诣更是炉火纯青、随心所欲，想剪什么花样都剪得出，而且能够一刀下来，中间不断。于是，杨甜和弟媳韦清花都成了婆婆的徒弟。

　　为了让侗绣能够更完整地传承，杨甜在自己的家中建立了一个侗族刺绣非遗传承基地，以便让更多的人系统全面地了解侗绣。目前来学习侗绣的人，小至几岁，大至几十岁，培训一期有50到80个学员。即便如此，侗绣接班人的培养也面临着许多困难。很多年轻人不愿意学习这门手艺，也有些人尽管有兴趣，但是耐心不够，此外培养资金是杨甜目前遇到的最大困难。虽然在传承侗绣的道路上，还存在着许多的困难，但是她正以行动实现着传承侗绣的梦想。

侗绣

一门手艺

全部依靠手工制作的侗绣，其制作工艺极为复杂，需历经作模、打面浆、粘布、拟模、贴面、镶边和绣花等数十道工序。如今随着工艺技术的先进化，大大缩短了侗绣的制作周期，因此侗绣的制作可以概况为如下四步。

第一步底布。底布可以选择自己制作也可以购买，若自制底布则需要有染布桶、排纱机、绞纱机、纺纱机，但不管采取何种方式选取底布，都必须是亮布。

第二步绣线。绣线的选择则以丝线为主。

绣线

侗族男上衣

第三步剪纸。侗绣制作中的剪纸主要是以条纹状作为主要的图案，当裁剪过程中发觉面积不够使用时，便会将图案变换形态。

第四步刺绣。将已经剪裁好的图案贴到选好的布条上，继而完成刺绣工艺。

下面我们就来看看传统的侗绣成品是如何制成的。

❀ 采摘蓝靛原料

传统侗绣中的蓝黑色等素色线还要经过"兰草"的染织。兰草是生长在湘黔的常见草本植物，每年夏季，当地人都会采摘兰草叶子来染布。"兰草"就是俗话说的蓝靛原料。

采摘

❀ 蓝靛原料进行浸泡

蓝靛原料要经过充分的浸泡，才可以使用。

❀ 加入石灰

在浸泡后的蓝靛原料中加入石灰水，进行中和。

中和

❀ "打蓝靛"

用石灰中和后的蓝靛水要反复搅动使其中和更彻底，从而让蓝色更纯。此工序称为"打蓝靛"。

◉ **轧棉花**

使用轧机对棉花进行加工，为纺线做准备。

◉ **织布**

纺好的棉线，放在织布机上，开始织布。

织布

◉ **浸染**

将织好的布放进蓝靛染料中进行染色。

◉ **晾晒**

染好颜色的布匹进行晾晒，去除水分。

浸染蓝布

晾晒

◉ **捶布**

晾干的侗染布要在石头上进行捶打,让布有光泽。

◉ **压折**

对捶、缝好的布裙进行百折。

◉ **剪侗绣花样**

◉ **刺绣**

采摘原料将剪好的花样放在侗布上进行刺绣加工。

◉ **配衣**

根据衣服的颜色、作用的条件,挑选适宜的花色。

◉ **成品效果**

成品一

成品二

一方水土

三江侗族自治县是苗族、彝族、瑶族、壮族等少数民族的聚居地，他们在这里创造了灿烂的文化。无论是风雨桥、吊脚楼、古井、古驿道，还是锣鼓、秧歌、刺绣，都渗透着深深的民族文化。尤其是侗绣，它因受到独特的地理环境、人文环境等影响，成了少数民族优秀文化遗产的一个分支。

⊕ 特殊的自然环境保存了侗绣文化

三江侗族自治县位于湖南、贵州以及广西三省的交界处，其境内缺乏铁路沿线接通，仅有的几条公路也分属国道，可以说在交通资源上相对匮乏。三江侗族自治县所处的这种交通落后现象

吊脚楼

让其面临非常闭塞的生存环境，信息不畅通让乡民封闭自守。但也是因为这种信息不畅通的局面让侗族人民保存了侗绣文化，将其原始性及传统性经过漫长的历史变化延续下来。

共同的文化滋养了侗绣文化

侗族人具有很强的向心力，极看重内部团结。长久的群居生活让寨子里的人与外界失去联系与接触的机会，形成了共同生活的思想和传统习惯。刺绣是在该种生活习惯中自然而然产生的工艺活动，妇女们在闲暇时间聚在一起，讨论和分享着身边发生的趣事，并将一些见闻和感悟以刺绣花样的形式记录下来，妇女们边聊天边刺绣，最后形成了样式抽象却又内涵统一的刺绣风格。

侗族妇女坐在一起刺绣

侗族刺绣

别致的建筑延绵了侗绣文化

三江鼓楼

三江鼓楼,是侗族村寨的标志和灵魂。侗族人把鼓楼比作"寨胆"、视为"寨魂",更把鼓楼当作凝聚民族情感、传承民族精神的重要载体。所以,鼓楼是村寨中最挺拔、最雄伟的建筑物。它亦是一种权威的象征。

三江鼓楼

之所以称其为鼓楼，还要从两个传说说起。一说是鼓楼的来源是三国时，诸葛亮南征，曾扎营侗乡。为方便指挥，诸葛亮便在营寨中修筑高亭，内置铜鼓，以鼓声传令，遂流传至今成了鼓楼。另一说是，古代外星人来过侗乡，曾修建火箭和飞碟发射架。侗族先人按照外星人的建筑模式建造了鼓楼。虽然传说已无法考证，但鼓楼真的是一幢奇绝的建筑。

鼓楼一角

三江鼓楼是侗乡第一鼓楼，也被誉为"世界第一鼓楼"。从外观看，鼓楼很像一座宝塔，飞阁重檐，气势雄伟。这种造型、结构，细腻地表现出了鲜明的侗族信仰和审美取向。这在其他民族之中，非常少见。

鼓楼远景

鼓楼全部都是木质结构，不用打地基，全以榫卯连接，不用一颗铁钉，用四根大杉木为主柱直达顶层。修建鼓楼所用的木料其实有讲究，一些小的木料都是由寨子里各家各户所捐，大的木料如主柱等，则由寨中居住时间最长的家族捐出。

三江鼓楼一共27层，除了楼顶的两层之外，其余25层瓦面是等距收分，层层紧缩。乍一看上去，楼面呈金字塔形，端庄平稳。每一层的檐角都高高翘起，装饰有精巧的雕饰和彩绘。这些栩栩如生的神龙，仿佛已经做好了腾飞的准备，下一秒即会跃入云中。三江鼓楼的楼身虽然庞大、粗犷，但结合雕饰和彩绘的细节，使其轻重、刚柔、疏密得到了完美的统一。

每逢佳节，当地人都会在三江鼓楼前举行欢庆活动和纪念仪式。侗家男女老幼会聚集于鼓楼，踩歌堂、赛芦笙、看侗戏，热闹非凡。在这样的日子里侗族人们就会穿上传统华服，从家中来到鼓楼参加活动，载歌载舞欢度节日。此时此地，成了他们展示自己美丽衣裳的舞台，更是妇女们展示自己绣技的舞台。

三江风雨桥

三江风雨桥，一共有7个桥亭，全长368米，集钢筋混凝土、月牙形单桥拱和侗族特色木构建筑技艺精华于一体；整个桥身没用一颗钉子，只在木头柱子上凿通无数大小不一的孔洞，然后以榫卯结构斜穿直套；桥身有亭有塔，横跨于浔江之上，可谓精美绝伦。

三江风雨桥继承了侗族传统的建筑文化特色，从其装饰造型的龙、葫芦中便能看到这些隐藏着的文化。桥的屋檐上雕刻着龙的造型，寄托了侗家祈祷龙神保佑四方，年年风调雨顺，国泰民安的心愿；葫芦造型主要运用于攒尖顶，像一个缩小的宝塔，葫芦的节数一般为奇数，所谓奇数为阳，阳为吉祥。从桥身装饰物的造型上来看，三江风雨桥所选取的造型与侗绣中所常用的图样不谋而合，可见两个文化之间的延绵与影响。

三江风雨桥

三江风雨桥侧面

吊脚楼

吊脚楼也被称为"吊楼",属于干栏式建筑,但又与一般的干栏式建筑不同,有其独特的地方。普通的干栏式是全部悬空的,而吊脚楼则是靠斜坡修建,即一半悬空,所以吊脚楼实际应为半干栏式建筑。

吊脚楼是一个全木质的建筑物,首先将树桩在选好的地方竖立起来以做屋架,接着在屋架上架上梁、檩等,最后上顶并在室内铺上木质地板,就算完成了。吊脚楼是侗族人民建筑智慧的结晶,他们依据地理环境,建造出适宜的住宅,将自己民族的理念与信仰融入建筑之中,比如火塘的设计,就凸显了侗族人注重家庭和睦的信念。在这一信念的养育之下,侗族妇女们用手中小小的剪刀和锈针,向下一代延绵着、传承着本民族的优秀品质和文化。

靠斜坡修建的吊脚楼

吊脚楼

一段历史

　　侗绣起源于何时，目前尚无定论，但从目前的已知史料记载，侗绣很早就名扬天下了。在侗族居住的地方，地方史志也对侗绣有过记载，如《柳州府志》说侗族"卉衣鸟语"；《镇远府志》道"女则自织自染，袖以彩绘绣"；明代弘治年间《贵州图经新志》记载，当时黎平府的侗族妇女的衣着，即"女人之衣，长裤短裙……刺绣杂文如绥，胸前又加绣布一方……织花细如锦"；清代嘉庆年间李宗《黔记》中说道："黎平府属滴洞编织的'洞锦'系以五色绒为之，亦有花木禽兽各样，精者甲分郡，冻这水不败，败之油不污。"除了这些典籍之外，明清小说中也有关于侗绣的记载，如清代文学家吴敬梓所著《儒林外史》里，在以镇远为背景的第四十二和第四十三两回中，对镇远的"苗绵侗绣"倍加赞赏，当时的一些地方官还以此作为贵重礼品馈赠亲友。

镇远古镇

可以说，长期以来，侗族女子有着擅长侗绣的传统，它成了女子聪明才智和心灵手巧的标志。她们从小便在自己母亲或其他女性亲属的指引之下开始学习侗绣技艺。如今，侗族妇女依然保持本民族的刺绣传统，在农闲时就会三五成群地聚在一起，在嬉笑之间绣制着自己的作品，借以抒发自己的多愁善感和美好的愿景。

进入21世纪以来，随着社会的进步、经济的发展和科技的创新，我国的国力有了飞速的提升。文化的多元性，工业的现代化，冲击着传统习俗和生活，侗绣这一依靠手工的技艺，在当下显得更为风雨飘摇。因此，如何保护和传承侗绣的文化和技艺已经变得刻不容缓。

侗族龙纹绞绣背扇　　　　　　侗族龙鸟花蝶纹绞绣背扇

一袭传统

❀ 侗族的活文字

一把剪刀，剪出绚丽多姿的侗乡人文；一根绣针，绣出侗寨人家的独特情怀。

侗族没有自己的文字，侗族人就以神话故事、歌词等口头文学及宗教形式，把自己的历史、图腾崇拜等思想意识传给其后代，人们有意无意地把图腾崇拜与生活的各种行为相联系，自然而然地在侗绣中表现出来。

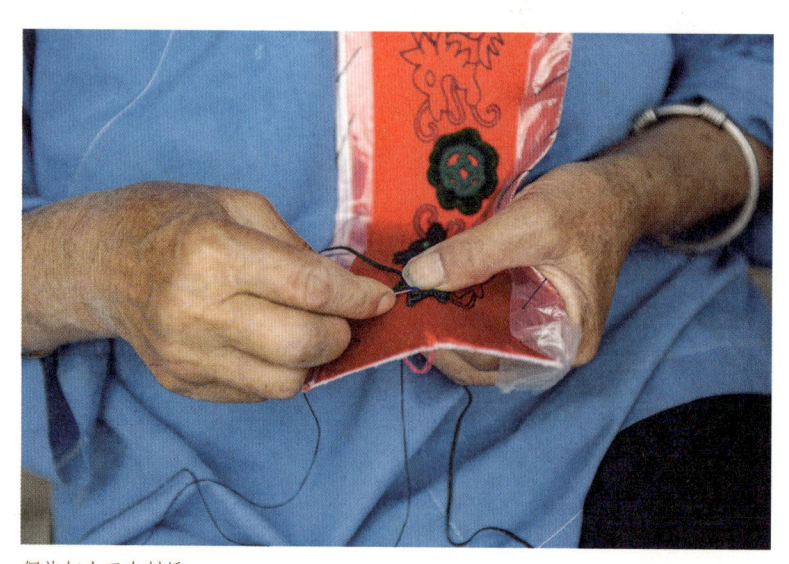

侗族妇女正在刺绣

图案的寓意

侗族相信万物皆有灵性,所以信仰的神也就颇多,山川河流、花草树木、飞禽走兽都是他们崇拜的对象。他们将这一崇拜,物化为抽象的图形,并将其绣出来,希望自己的诚意能被神灵感知到。

侗绣图案历经多年的积淀与传承,形成了图样表意,意在吉祥的文化特征。如桃代表着长寿,牡丹代表着富贵,石榴代表着多子,羊则隐喻着孝,梅、兰、竹、菊则比拟君子德行,"蝠"谐音"福","鹿"谐音"禄","鸡"谐音"吉",等等。这些花鸟虫草所表达的文化内涵与金、木、水、火、土五行相生文化和仁、义、礼、智、信的理念相吻合,反映侗族人民对美好生活的向往和对神灵的崇拜。

刺绣图案龙纹花鸟

侗族轴绣云龙纹童帽

节日里的侗绣

三江侗族有着丰富的传统节日,比如过年、三月三"抢花炮"、正月初三"抬官人"、四月八、六月六、"大雾梁"歌会、八月十五"赛芦笙"等。在节日里侗族的男女老少都要盛装出席,所以服饰成为节日活动中必不可缺的一项,同时这些传统的节日也成了各种特色服饰竞相媲美和交流的盛会。

广西三江侗绣

在侗族祭祀庆典时，男子会穿上芦笙衣进行舞奏芦笙的表演。侗族男子为什么要这样穿着呢？也许我们从《远祖歌》中关于古代侗族首领的描述可以找到答案："额上飘扬鹇羽，一把银剑竖身旁，肩披红色绒毛毯，连贾战袄闪光照，腿着白色紧身裤，羽帘条裙随风扬……身穿水莲白羽衣，龙须宝剑挂身旁。"

侗族女子的盛装华服，是披云肩、穿凤尾裙的服饰，这种服饰在婚嫁、芦笙踩堂、抬官人等特别重大的场合中穿着，体现了女子的心灵手巧，当然还有一些稍微简单的盛装，一般是在生活装的基础之上佩戴多种项圈、项链和景泰蓝银牌等。有时衣服也多是穿多层，以体现华美。

侗族儿童在节日时都会身穿盛装，而男子只在重大节日才穿。女孩子会头戴刺绣花帽，身披流苏云肩，腰系刺绣丝带，穿百褶裙，脚蹬绣花鞋。男孩子与女孩子一样会戴帽子，一般会戴银质插羽帽，身上会穿纯色的立领、对襟长袖缎面衣服，穿黑紫色的侗布裤子，在大腿中部会裹上绣花流苏的绑腿。

侗族芦笙衣　　　　侗族女子服饰

侗族女子刺绣服饰

侗族男子刺绣服饰

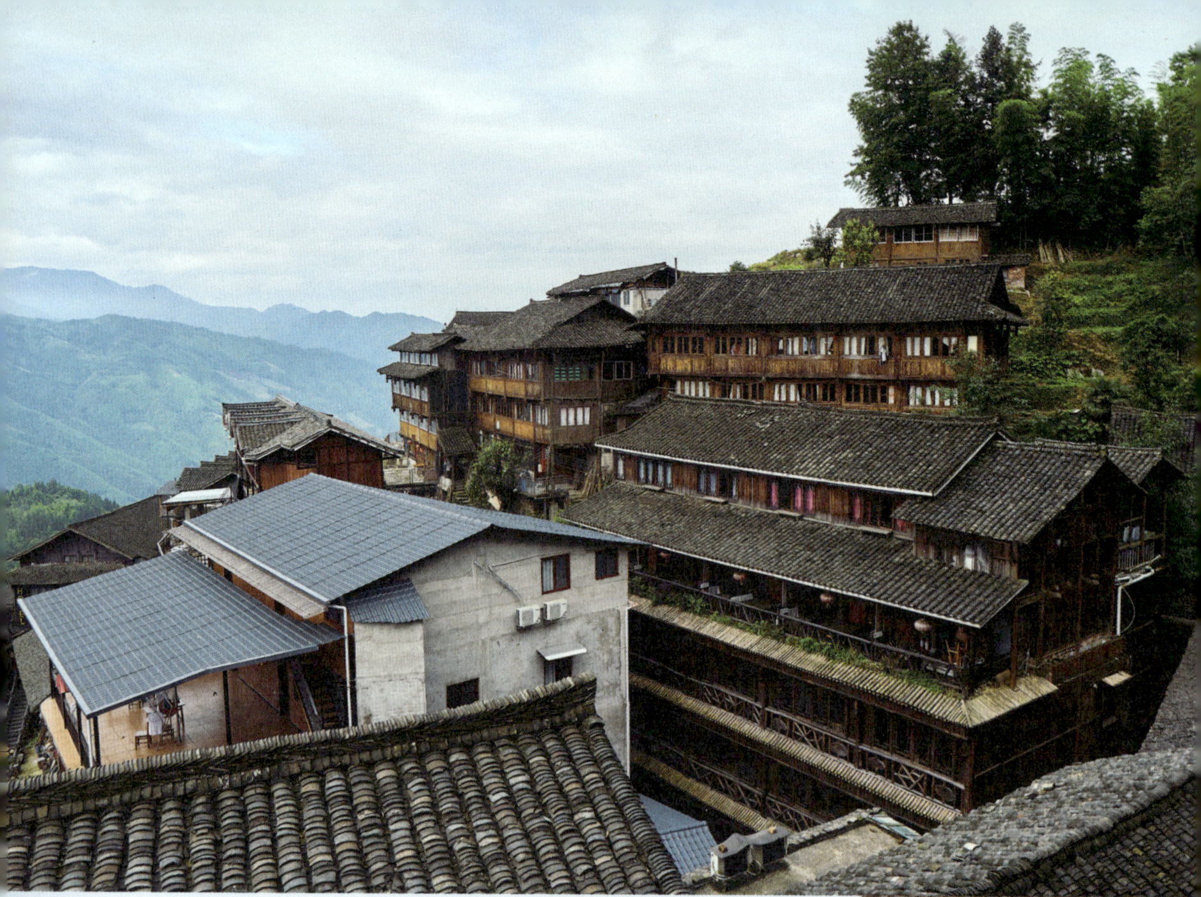

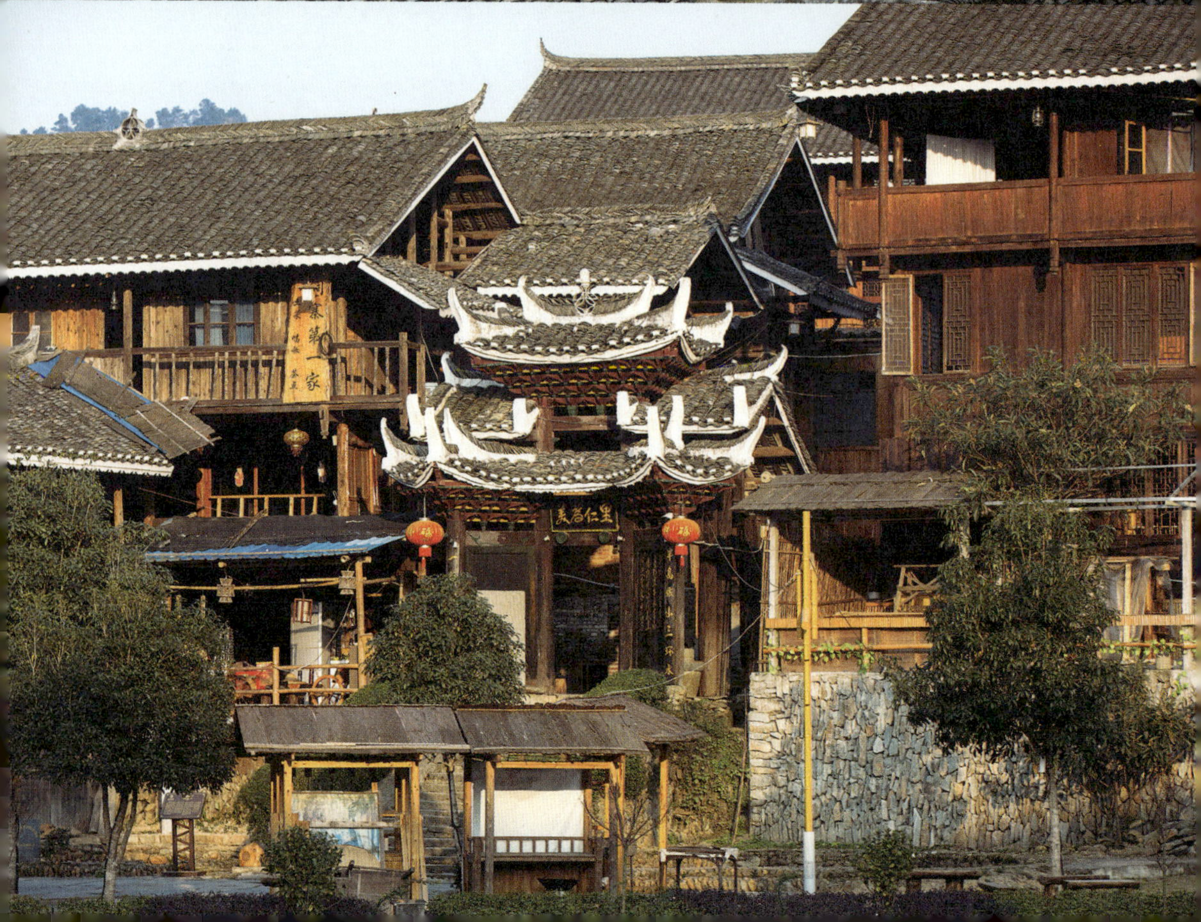

湖南通道侗锦

Hunan Tongdao Dongjin

一件作品

这是一件湖南通道侗族的儿童背带,它采用的是侗锦的工艺。侗族的背带是侗锦中制作最讲究、纹饰最精美的生活用品。

背带,在侗族的习俗里被认为是孩子的护身符,认为它是孩子与母亲相连的纽带。侗锦所编织的背带一方面工艺讲究,精巧细致,另一方面寄托了母亲对子女的真切希望。侗族的《恩情歌》细腻真实地表达了这一希望,"天上最大的是雷王,海里最大的是龙王,朝廷最大的是帝王,人间最亲的是爹娘……背上背着娘的肉,背带牵着娘心肝。"

侗族儿童背带

侗族是一个"务耕种,勤纺织"的民族,侗族妇女更是凭借其独到的审美眼光与高超的编织技艺创造了极富民族特色的织锦文化——侗锦。

侗族妇女

❀ 侗锦的工艺

按照编织技艺划分，侗锦的工艺可分为织花和挑花。

织花，与挑花的不同是它需要竹签与综丝提经，挑花则不需要。织花通过由综丝控制的竹签来改变经线的数量，从而运用穿梭方式将用于图案颜色的纬线反复穿过经线并逐一打紧，逐步形成预先设计好的图案，织造速度较快，常用于素锦编织。

挑花，适用于彩锦的产品，耗工费时，正面显花。挑花因不需要竹签与综丝提经，所以不需要提前设计图案，而图案早已印在织者的脑海中，这种织法对织者的空间构图感要求较高。

侗族龙蝶花卉纹绞绣背扇

❀ 侗锦的颜色

按照颜色划分，侗锦呈现为素锦和彩锦两种风格。

素锦，一般由两种颜色的细纱线织成，多采用织花工艺。在侗族的传统配色中有黑、白或蓝、白两种颜色的搭配，一般都以白为经，蓝、黑为纬，经纬可互为花纹，即正反两面均可起花。因素锦采取的是织花工艺，所以背面为平整无线头的锦面。虽然

侗族织锦

称为素锦，但并不是只能采用单纯的黑白素色。如今侗族妇女更多地按照自己的喜好来搭配不同颜色的经纬线，织出色彩艳丽的"素锦"。

彩锦，相较于素锦，其颜色更为丰富多彩。侗族的传统彩锦中常用玫红、粉绿、浅紫、淡黄、浅蓝等色彩，彩锦一般以棉线为经，丝线做纬。彩锦的正面颜色五彩缤纷、图案布局严谨，而反面效果就略差一些。

❀ 侗锦的纹样

日月星辰、山峰河流、飞禽走兽、花鸟鱼虫等，都是侗锦描绘的对象。其丰富的内容，表达了侗族人热爱生活、热爱自然的价值观。

❀ 太阳纹

在侗锦里太阳被抽象成了万字太阳纹，这样的设计也模仿了太阳光的效果。太阳纹是朝气蓬勃、充满生机的象征。

❀ 杉树纹

杉树高耸挺拔的形象，让侗族人非常得崇敬，所以侗族人喜欢用杉树来比喻人的性格耿直。

❀ 竹纹

竹纹没有竹子枝叶的形态特征，只以盘根错节的竹根表现。侗族人以竹所蕴含的寓意来祈求本族、本家人丁兴旺发达。

◉ 八角纹

八角花是多子的象征。

◉ 蜘蛛纹

蜘蛛在侗族人的眼中是一个既聪明,又有上进心的动物。如今的侗族妇女会在侗锦上织上蜘蛛纹,寓意希望得到保佑。

◉ 鸟纹

侗锦中的鸟纹起源于古代百越的鸟文化,因此鸟纹被誉为象征幸福安康、永世祥和。常见的鸟纹有:四鸟纹、双鸟文和单头鸟纹。

◉ 龙、凤纹

侗锦中的龙、凤纹样,是取吉祥如意、保佑平安之意。

◉ 鱼纹

侗锦上的鱼纹是团结、繁荣、收获、配偶和繁衍等的象征。

◉ 井纹

侗锦中的井纹,源于古代井的符号。侗族人以长流不息的井泉,象征子孙繁衍昌盛。

◉ 踩堂纹

踩堂纹为一排手拉手的人物纹,它描绘了古代的祭祀或节日踩歌堂的场面,也是侗族文化"和谐"精神的体现。

一位有缘人

☯ 文化的守护者：张柏如

张柏如从湖南省军区邵阳独立六团转业到地方后，便调入通道侗族自治县文化馆工作。他擅长丹青，热爱艺术。通道侗乡独特的鼓楼、凉亭、风雨桥的建筑艺术使他倾倒，侗族的银饰、雕刻工艺使他叹服，尤其是绚丽多彩的侗锦更使他迷恋。自此，他把研究侗族文化艺术作为了自己毕生追求的事业。

为了抢救和保护侗族文化，尽可能多地搜集侗锦，他于1981年选择提前离休，从此他踏上了搜集侗锦的艰辛之路。他的足迹留在了湖南、贵州、广西三省（自治区）二十几个县的侗寨石板路上，他的身影留在了侗家的吊脚楼里。

侗族风景

色彩艳丽的侗锦　　　　　　　　　　侗族刺绣局部

　　张柏如历时十年，历尽千辛万苦，共搜集到不同地域、不同品种、不同工艺、不同纹样的精品侗锦400余件，照片1000多幅。虽然张柏如只有小学文化程度，但为了研究侗族文化，保护侗锦，他一方面刻苦博览群书，一方面虚心向专家里手请教，终于在其不懈的努力之下开辟了迈向侗族艺术殿堂的道路。

　　1994年，由张柏如撰写，台湾省《汉声》杂志社出版的《侗族服饰艺术探秘》问世。《侗族服饰艺术探秘》以侗族服饰工艺美术为对象，通过实物照片和文字的讲解，全面系统地展示了侗族独具特色、风格各异、绚丽多姿的服饰艺术，揭示了侗族光辉灿烂的文化面貌，更是对侗锦的艺术特色进行了详尽的剖析。《侗族服饰艺术探秘》的出版填补了我国侗族服饰文化研究的空白，它的出版不仅对于保存侗族宝贵文化遗产，弘扬侗族优秀传统文化有着推动作用，更是对丰富人类文化宝库具有重大意义。

一群侗族妇女在刺绣

◉ 非遗人：粟田梅

粟田梅自12岁起就跟随母亲粟培仙学习编织侗锦，15岁就掌握了侗锦的织造技艺，不到16岁便掌握了"八十八纱"（八十八纱是侗锦一套较为复杂的纺织技术，其针线细密紧凑，织出来的锦面扎实且色彩错落有致，是一般侗族女孩成年后，需要三五年才能掌握的织锦工艺）的要诀。成年后的粟田梅曾经跟随侗族文化研究学者张柏如先生学习，并且参与了其所著的《侗族服饰艺术探秘》一书的创作。

幻彩侗锦

粟田梅一直在推进侗锦的发展中，贡献着自己的一份力量。她不但传承着传统的工艺，同时也在不断地摸索着创新。从图案上来说，她从最初模仿传统图案到现如今结合当下潮流趋势创新图案，使侗锦符合了时代的发展，也使得它更加丰富多彩。其代表性作品有《双鱼双凤》《太阳花李子花》《枫树纹》《龙鳞纹太阳花》《凤鸟八角》，部分精品侗锦被上海东华大学博物馆和湖南省工艺美术馆收藏。

上海东华大学博物馆

2006年11月，粟田梅被中国工艺美术学会织锦专会评为"中国优秀织锦工艺传承人"；2008年，侗锦制作技艺项目入选第二批国家级非物质文化遗产名录，粟田梅获国家级项目代表性传承人称号；2009年，粟田梅被列入国家非物质文化遗产传承人；2011年获"中国织锦工艺大师"称号。

如今，在当地政府及相关部门的支持下，粟田梅及她的同行们借着"展侗族瑰宝，传民俗风情"的东风，在侗锦技艺传承和产业化的道路上越走越宽。

一门手艺

一块精美的侗锦，需要经过十多道工序才能编织完成。如今随着工业技术的发展，有些工艺已经可以被机器所取代，所以为了方便大家更清晰地了解传统侗锦的编织过程，我们将分如下十个工序进行讲解。

❀ 轧棉

棉花借助轧车来完成脱棉的工序。

❀ 卷棉

经过除杂、脱籽、弹松处理过的棉花均匀整齐地在方形板上平铺开，用圆柱条状的竹条或木圆，在板上用手一搓将棉花卷成筒条状。目的是在纺纱时，方便纤维连续从棉条下牵出。

❀ 纺纱

纺车将已经搓成约1尺（33厘米）长的棉筒纺成纱。

纺车

❀ 盘纱

先将在纺车上纺好的纤管穿套于半圆形铁圈的铁轴上。铁轴与半圆形盘纱圈结构是活动的,便于牵纱时可以自由转动。先将纤管上的线头绕在盘纱架下端的横轴上,左手持盘纱架,以拇指推动下端横轴来控制转动盘纱的角度与位置,然后右手持盘纱圈,食指放在纤管上,方便控制线纱。

❀ 煮纱、浆纱、染纱

将盘好的纱线放入经过过滤去渣处理之后的草木灰水中,先蒸煮,后用木棍捶,然后再用清水漂洗、晾干即可。

传统侗族织锦大多是用棉纱或棉线牵经线,为了防止在织锦过程中断纱,一般棉纱或棉线还需经过一道浆纱的工序,采用一种名叫"白及"的植物当原料,或者是用面粉或米梗装纱,目的是增强棉纱的坚韧性。传统侗锦中的蓝黑色等素色线要经过"兰草"的染织。

白及

❂ 络纱

络纱的目的是把采纱时，留在纱线上的杂物去除掉，以便线纱能够平整和紧实。

❂ 穿箔

穿箔是一道非常细致的工作，丝毫不得马虎。必要时需要两个人配合。穿箔所要的工具主要是箱与线钩。箔一般为竹制结构，长度根据织锦篇幅大小来决定，箔眼的疏密根据织锦纹理密度而定。根据箔眼大小来确定纱线粗细与数量。线钩一般是用光滑的牛肋骨片或薄铜片制成，长约21厘米，宽约2厘米，前端呈钩形，后端有个圆孔，穿有1米多的棉线，用于穿套经线而用。

穿箔

❂ 梳纱

梳纱，也叫卷经，其目的是使经纱整齐有序。

梳纱

❂ 上机

上机

❂ 织锦

把预先设计好的图案，通过花竹签编排好，再通过编织，形成图案纹样各异的侗锦。

一方水土

⊕ 错落有致的村寨

通道县是一个美丽的地方,这里绿树成荫、山美水秀,村寨相连,独具一格的地理环境及生态环境造就了侗族人善良、温和、淳朴的性格,同时也形成了通道县所特有的风土人情。这样的居住环境使得侗族人习惯了自给自足、封闭自守的生活方式,这也促成了通道侗锦文化的原真性保护。

侗族人喜欢群居,一个侗寨中往往有成千上百户的人家,大家比邻而居,屋檐挨着屋檐,人们在纵横交错的狭窄小道中穿梭。这种生活环境反映在侗锦艺术中形成密满的构图,色彩也比较幽深而温和,封闭的生活状态,使得早期的侗锦偏于沉闷。

侗寨

万事不离茶

油茶是侗族人的家常食品。侗族的油茶，清脆香甜，又有一种苦凉的滋味，使人提神醒脑。俗话说"一家打油茶，百家闻茶香"，可见侗族的油茶有多香。侗族有三碗茶的习俗，第一碗茶只有少量茶水、爆米花、姜末、葱花，这碗茶是为了让饮茶人打开胃口。第二碗茶放糯米饭、爆米花、黄豆、花生、葱花，这碗茶是为了让饮茶人吃出香味。第三碗茶只放爆米花和几片猪肝、粉肠，这碗茶可是让饮茶人放不下碗了。

油茶

每个侗族家庭的第一天，都是从一碗油茶开始的。有客来访，必要奉上一碗油茶。在侗族的习俗中，油茶待客的方式有家族聚茶、喜庆敬茶、节日闹茶等。

家族聚茶，即在大年初一时，几户亲家或房族本家的小聚会，几家轮流到各个亲家吃油茶、聊聊家常、互祝新春等。

喜庆敬茶，是指娶媳妇、嫁女儿、孩子初生、住新屋时主人请客人吃油茶的习俗。

节日闹茶，是全寨男女青年聚会、议事、娱乐时，或者寨与寨之间的男女青年间交际时举行的活动。

侗族油茶

一段历史

说到侗锦的历史，我们先来看一首侗族的古歌《远祖歌》的歌词："鱼骨做梭织花锦，骨针用来缝衣裳。"此歌的年代已经无法考证，但从在侗族中的流传时间来看，应该已经很久远了，可见侗锦的历史也是很悠久啦！

根据考古的发现，春秋战国时期，侗族的先民们就已经能纺织出经纬线极细的麻布了。在《后汉书·南蛮传》中记载："南蛮，好五色衣服。"这里的"蛮"，包含了古代侗族的先人路越。唐宋时期，侗族人的服饰中出现了色彩的搭配，其审美观在逐渐地形成。

到了明清时期，随着侗族民族文化在历史长河里的不断积淀，其传统文化日渐成熟，进入了侗锦的快速发展期。此时的侗锦因色彩艳丽、图案精美、工艺精巧，得到了广泛的赞誉和喜爱。

侗锦

如明代弘治年间《贵州图经新志》中记载："织花细如锦。"就描述了织锦的工艺。清初陆次云在《峒溪纤志余志》中对侗族的织造工具有这样的描述："布刀者，峒人织具也。峒人不用高机，无箸无枝，以布刀兼之。刀用山木，形如刀，长于布之阔，锐其两端，背厚而楛，如弓之弧；刃如弦而薄；刳其背之腹以纳纬，而慇其锐而吐之以当梭。纬既吐，则两手扳起两端以当箸也。"可见侗锦的发展是多方面的，不仅注重产品的外观，还注重工具、技艺的提升。

随着时代的发展，侗锦已经不单单只是为了生活用品而制作，更是向着文化艺术品的方向发展，让更多人能懂得和欣赏它的文化价值。作为侗族优秀的文化遗产——侗族织锦，曾多次走出通道，参加国内的大型展览，更是代表国家走出国门，与世界优秀文化同场竞技。侗锦所富有的丰富文化内涵，已经成为展示侗族文化的实物"化石"。

侗锦被面图案

一袭传统

❀ 信仰中的侗锦

在侗族人的信仰里,他们尊崇"三王""飞公山"和"萨岁"。侗族有"祭萨"(即"萨岁")的历史风俗,"祭萨"也是侗族中最重要的活动。在"祭萨"的仪式中,会表演芦笙舞。芦笙舞的内容非常丰富,共有二十多套,比如有表现生产的,如种植水稻、舂米等;有表现生活的,如喂家禽、纺织等;有表现动物的,如鸡飞狗跳等。这其中最受欢迎的是"斗鸡"。人生并非一帆风顺,也不会事事如意,所以善良的侗族人将无法实现的愿望,寄托在了被他们视为吉祥的物种身上,进而形成了侗族人丰富的图腾崇拜。这一美好的愿景,在侗锦中体现得淋漓尽致,侗族妇女将她们对婚姻、子女、父母等的祝福,织在一方侗锦之上,希望他们能得到神灵的保佑。

芦笙舞

表演芦笙舞的妇女们

习俗中的侗锦

女红是每一个侗族姑娘的必修课，她们自幼就开始学习各种的织锦技艺，同时女红水平的高低也是衡量侗族姑娘能力和美德的重要标准之一，因此每个侗族姑娘都把练就一手娴熟的织锦技艺作为自己的生活目标。侗族妇女在以高超的技艺得到认可的同时，也将自己对美好生活的向往、对亲朋好友的祝福注入到了这一针一线之中。

侗族的民风比较开放，侗族的男女自十多岁开始便可以接触异性，他们尤其喜欢在美丽的夜晚一群男女双双出行赏月对歌。侗族人经常用歌声表达情意，当姑娘确立了心爱的对象后，会赠予对方亲手制作的精美的织锦，如花带、花帕等。侗族姑娘嫁入男方家之后，还会制作头帕、面巾等当作礼物送给男方家的亲戚，这也是展示才华的一个好机会。当自己的好姐妹出嫁时，侗族姑娘会将自己亲手编织的侗锦当作嫁妆相赠，以示美好的祝

侗族服饰

侗锦

愿。当侗族的外婆喜获外孙（女）时，会给外孙（女）送上在其母亲出嫁前就已经准备好的童衣作为贺礼。此外，侗族人很重视孝道，每个儿女（或儿媳）都会为双亲准备去世后盖在身上的寿锦，寿锦的数量，也说明着其儿女的数量；同时侗族人将寿锦视为吉祥之物，寿锦越多就有越多人争着抬棺，为了能分一段寿锦。

　　侗锦所蕴含的不仅仅是技艺，更是一段侗族的历史。侗锦的编织者将自己的所感、所见、所想一代一代地口手相传下来，侗锦里融合了世间万物、悲欢离合、历史变迁，可以说侗锦就是一本活的历史书，它在用其独特的方式讲述着侗族的沧桑过往与美好未来。

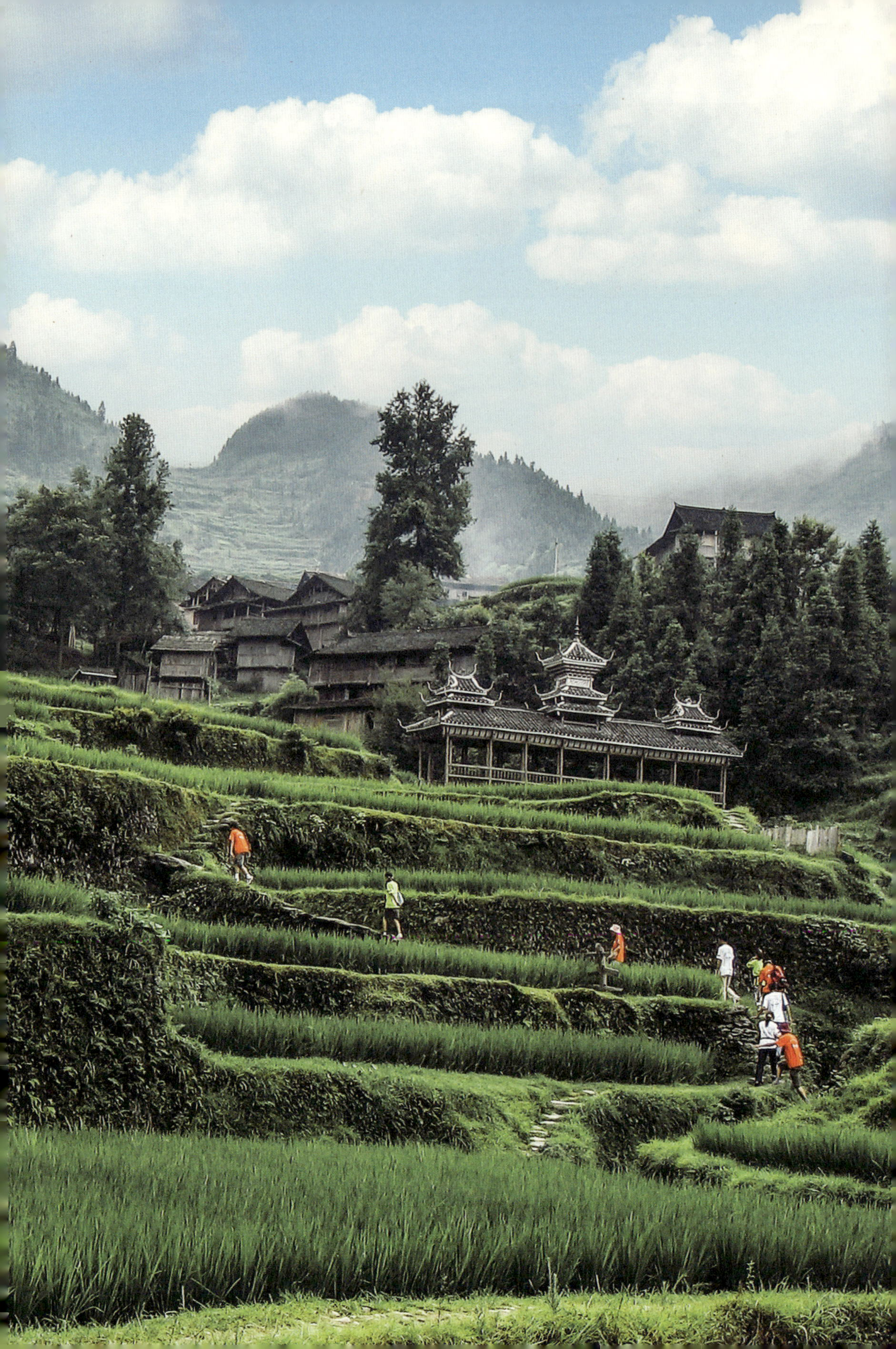

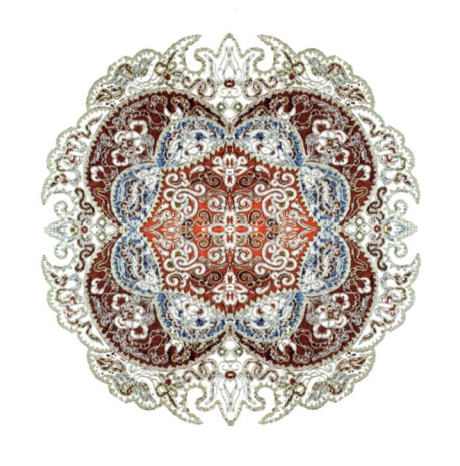

花瑶挑花绣

Huayao Tiaohuaxiu

一件作品

许多历史人物和历史事件均在花瑶挑花绣中有生动形象的表现，如绣品《盘王升殿》。在这幅绣品中，人物造型为块体状，表情既憨厚又质朴。人物的身体强健，五官粗犷且呈现近圆形，其中眉毛粗并微微上扬，鼻子用线状的形式表达，嘴唇厚实。人物整体以短、粗的形态为主，表现出一种"拙美"的效果。这是因为它使用了花瑶挑花绣的"X"形和"一"字形针法，因此图案的构成整体上呈几何形。这种表现方式展现出一种野性、质朴的原生态之美。

花瑶挑花绣是湖南省隆回县瑶族女子的一项传统技艺。花瑶挑花绣其图形丰富、色彩多样，体现了丰富的文化内涵。从不同的花瑶挑花中，可以看出花瑶人对文化的不同追求和对本民族图腾的崇高信仰。在2007年的时候，花瑶挑花就被正式记录在了中国非物质文化遗产的名册之中。

挑花绣

图形特色

花瑶挑花艺术具有原生态的美，富有写意性，其花纹大多是从自然界中获取的，例如太阳纹、蕨叶纹、勾勾藤、牡丹纹等，并且其所挑织的纹样十分注重意境的营造。花瑶挑花构图极为巧妙，一般采用对称的方式。

花瑶挑花图案

一幅挑花作品巧妙地结合点、线、面进行构图，运用点的排列，直线和曲线的变化等形成美感，呈现出动静结合之态。挑花构图讲究"全满"，也就是全部绣满之意，他们认为"满"才热闹，热闹才好看。

瑶族挑花的图案结构，大体可分为以下四种。

❀ 四方连续纹样

它题材广泛，纹样变化丰富，大都是在各种骨架组成的底纹中间加以适合纹样，也有的采取放射状骨架，向四面八方发展，有的纹样是排列整齐的对称形，具有严谨的规律。该类纹样常用来制作大件作品，如床毯、被面、帐沿、裙料等。

❀ 二方连续纹样

多用于衣饰、帐沿带子和花边，结构有平行的、垂直的、波状的和斜线状等。有的二方连续的花边，反复重叠运用，宽窄相间，疏密相衬，再配有各种不同的色彩，十分美观。

❀ 单独纹样

根据题材形象和装饰位置的需要组成，如龙纹、风纹、鱼纹、蝴蝶等。

❀ 适合纹样

此类纹样变化多，构图巧妙，如圆形、三角形、圆中有方、方中有圆等，构图生动，形式美观。挑花中的团花、角花和各种骨架内纹样，大都为适合纹样。

◈ 讲究的配色

瑶族人喜爱穿青、黄、赤、白、黑五色的衣裳,并且一直遵循这一传统,在挑花的丝线选择上也沿用着五色配色。

花瑶挑花讲究实用,更加追求色彩装饰的美感。花瑶女子喜欢用强烈刺激的色彩,如鲜红色的头饰笠和头巾、深蓝色的上衣、五彩缤纷的腰带、灰白色的统花裙,再配上黑色的绑腿,使整体搭配形成了黑白相间、鲜艳且相互衬托,远看特别出挑醒目。这样的配色体现了瑶族人的质朴情感和文化理念,更体现了其民族的存在和价值。

刺绣局部

瑶族刺绣

◈ 组织排列方式

花瑶挑花的组织排列方式主要分为连续和反复。

连续：多为二方连续，二方连续当中不仅仅有最常见的水平式二方连续，还有波浪式一整二破式。二方连续即平面设计当中构成的基本原理，在视觉方面让人舒适易懂，有极强的装饰性作用和强调作用。

反复：花瑶挑花中同一纹样往往重复有规律地出现在画面中，从而产生富于统一感的节奏美。花瑶挑花纹样的反复使得画面赋有节奏感和韵律美。

反复

◈ 花瑶挑花的种类

彩色挑花主要应用在一些细节的、边角的位置，如新式头盘边缘、内衬袖口、盛装马夹对襟处、盛装挂件等，此外彩色挑花还广泛应用于花瑶妇女背小孩的背篓之上。

素色挑花则广泛应用于女子服饰的筒裙后摆上，面积大、内容丰富、制作非常花费精力。

瑶族彩色挑花

一位有缘人

奉雪妹是花瑶挑花国家级非物质文化遗产传承人,她出生于隆回县虎形山瑶族乡海拔1400多米高的一个小山窝里——庙山。奉雪妹自八岁起师从母亲学习挑花技艺,因天资聪慧且对花瑶挑花格外钟爱,不到一年就能挑出精美的挑花裙正品。十一二岁时已是方圆村寨里小有名气的挑花能手。十五六岁时,已经开始辅导村里村外的花瑶姐妹们学习挑花技艺,由于她耐心细致,深入浅出,让人易记易懂,深得花瑶姐妹们的喜爱。

1993年,奉雪妹开始思考改革花瑶的包头。因奉雪妹是地道的花瑶人,热爱自己的民族,所以她深知花瑶女性的服饰虽然美丽,却深深地束缚了她们,从头到脚都给花瑶女性带来了极大的不方便,特别是花瑶女性的包头。花瑶传

瑶寨

统包头是由许多根红黄蓝绿等彩色毛线编织成的长长的小彩带缠绕在头上,虽然很漂亮,但不牢固,极易掉下来,给生活带来了不方便。这种滋味,这种烦恼,这种感受,奉雪妹深有体会,所以她一直在想怎么解决这个难题,想把花瑶女性从这种美丽的困惑中解脱出来。经过反复试验,她摸索着做出了第一顶改良花瑶大帽子,花瑶同胞看见后,都非常好奇和喜欢。奉雪妹进一步对大帽子的大小、厚薄和做骨架的竹篾的粗细做了改进和定型,终于于1994年正式推出了现在的花瑶大帽子。改革后的花瑶大帽子,既保留了花瑶民族原来的民族特色和民族风格,又更漂亮,更轻巧,更方便,深受花瑶女性的喜爱。

改革后的花瑶帽子

1994年,奉雪妹将花瑶女子挑花绑腿改良为梯形套筒式,根据脚的粗细大小而定,套上即可。

1998年,奉雪妹又对花瑶腰带进行了改良,将其改成了约一掌宽的合腰部大小的长布,长布末端缝制有挂扣,可根据不同的腰部粗细调节,方便穿脱。

多年来奉雪妹一直致力于倡导、推广、普及花瑶挑花技艺和挖掘、培养挑花人才。同时为了更好地传承花瑶挑花,她还发起、组织开展了花瑶挑花大赛、花瑶服饰展等一系列活动。她将花瑶挑花这门艺术,不断地发扬光大,吸引越来越多的人关注、保护、喜爱花瑶挑花。

瑶族挑花绣

花瑶挑花绣

一门手艺

❀ 简单的流程

一幅花瑶挑花作品平均约有20万~30万针，因此完成一幅挑花作品需要历时几个月或半年。

第一步：构思主体图形。
第二步：无须打板画样，直接在挑花布上完成主体图形轮廓部分的挑花。
第三步：利用多样化的填充图形将主体轮廓填满。
第四步：使用连接图形将整个挑花图案连接成为一个整体。

❀ 主体图形

主体图形的样式是花瑶妇女从上一辈的言传身教和无数的练习中日积月累而成的。在具备基本的造型能力之后便能够熟练地将自然形态转化为自己的构图需要。主体图形的勾勒是完全自由随性的，它并不注重现实自然的形态，凸显的是浓缩的形态和夸张的动作，寥寥数笔就散发出令人寻味的意境。

瑶族挑花绣图案

❀ 填充图形

填充图形是非常多样化的，主要的填充依据来自题材的选择和挑花作者的个性化创作思路。比如使用蜿蜒曲折的线条来加强飞禽走兽的动感；使用简单的几何形状来表现事物应有的质感；使用特定格式的纹样来展现其寓意。填充图形虽然多样，但也有其特定的规律可循。例如"杯干约"属圆形放射状的图案，中间为四角的十字符，放射出八角负形，再二次放射变成16片花瓣，造型上异常巧妙。这种呈倍数放射的"杯干约"图案是五谷丰登、六畜兴旺的象征。

连接图形

连接图形使整个图案画面更加美观、饱满，从而加强装饰性效果。比如用短促曲折的线条来表现动荡不安的氛围。连接图形要求花瑶妇女在有限的空间中塑造准确、恰当的图形形象作为整幅挑花作品的点睛之笔。因此，一个挑花技艺高超的花瑶妇女对连接图形的处理是要拿捏得恰到好处的，既要衬托主体图形的寓意，又要使画面完满丰富，还要让连接图形清晰可辨。

瑶族刺绣图案

❀ 图形创作的规律

◉ 简化
将描绘对象简单化轮廓化，去掉复杂的细节，仅留下主要轮廓以及样式。

◉ 夸张
根据事物本身的特点，使其夸张化，突出特点进行变形。花瑶挑花遵循着更自然、更生动的准则。

◉ 归纳
把复杂的形状全部归纳成整齐的几何图案，使花瑶挑花具有装饰艺术感。

◉ 愿景
花瑶妇女在挑花过程中将自己的美好心愿寄托在作品上，将自然界中的多种美好，组织在同一画面中呈现，以满足他们对幸福、希望、祝福的美好追求。

挑花刺绣

⊕ 独特的针法

挑花又名"十字绣",是刺绣中的特殊针法。挑花的针法分为顺针和翻针两种。

顺针法,根据图案的色彩搭配,先用斜针排列成距离相等的一段段明针,在同一颜色的地方挑完时需回针盖在第二道明针上,此时因与第一道针脉呈交叉状,即"十字状",这样的工序在挑完同色地方后,才会再换色进行挑补。

翻针法,需要沿着布面的经纬走向,挑一针就需回一针,同样呈"十字状"。

花瑶挑花使用"顺针"和"翻针"结合的手法,以"顺针"为主。由于挑花工艺重在"挑",在绣制时手法很讲究,必须顺着拿,不能倒着拿或反着拿。走针规律总是从右往左顺手,这样形成的纹路便是统一的有序的,正面是十字纹、背面也是整齐的一字纹,整个画面找不到一处线头。这一手法,使得花瑶妇女的筒裙可以正反两穿,大大提高了它的耐用度和利用率。

挑花十字绣

一方水土

❋ 美丽多情的花瑶

湖南南部的土地上居住着一个美丽的民族，他们因其美丽的衣裳而被称为"花瑶"。根据东汉应劭的《风俗通义》记载，瑶族祖先"积织木皮，染以草实，好五色衣服"。可见花瑶人的爱美是历代相传的。花瑶女性特别爱美，她们的服饰一直承袭着其先祖古老、新奇、传统的着装风格，个个着装艳丽，从头到脚都是美丽的花朵，绚丽的色彩。

花瑶刺绣

花瑶古寨

花瑶女性喜欢在能衬托其美丽的服饰上挑花，比如头巾、马褂、腰带、筒裙、绑腿、裤脚等。挑花的图案题材相当丰富，既有花草树木，又有飞禽走兽，还有生产生活，这样的立意体现了浓厚的民族特色和乡土气息。挑花图案在设计上也是有讲究的，比如要求布局合理，图案古朴而不张扬，最重要的一点是左右应当对称。

花瑶挑花追求色调装饰的美观，即要达到远看色彩近看花的效果。花瑶女性喜欢用强烈的色彩来装饰自己，比如头戴红色的头巾或花斗笠，身穿深蓝色的上衣，腰系五彩缤纷的腰带，下身着灰白色的花筒裙，捆上墨色的绑腿，整体穿戴色彩鲜明、冷暖协调，打远望去感觉花瑶女子仿佛把所有的色彩都穿在了身上。

花瑶还是一个善歌的民族，不论男女老少都能唱出一首首美丽的山歌。花瑶人上山砍柴、下田农耕，总会时不时地唱上一首，既能驱赶疲劳，也能愉悦心情。没有固定的歌词，基本随性而出，可见花瑶人把唱山歌当作一件最快乐最开心的事。

情歌是花瑶人最喜欢的歌曲。花瑶人一旦遇见自己心仪的人，就会以唱歌的形式进行表白或试探，如若对方无意，则会默而不答；如若有意，则会唱情歌对答。

瑶族绑腿刺绣

花瑶彩色服饰

下面我们通过一首情歌来感受一下花瑶人的多情。

女：一树好花挨墙栽，花高墙矮现出来。我郎若要花到手，捡个石头打落来，花落平地尽郎嗨。

男：一树好花挨墙栽，花高墙矮现出来。水不浸墙墙不倒，花不逢春不乱开，姐不邀郎郎不来。

花瑶人一般会在节日、婚庆或赶集时唱情歌，这时男、女各分一派，两相对歌，起初纯粹只是互相比对歌才，如若其中有彼此中意者，则对歌时会有所选择，多对或专对自己中意人的歌。情窦初开的羞涩与尴尬，均在歌声中得以化解。

⊕ 封闭的自然环境保留了民族文化

瑶族有多个分支，即盘瑶、山子瑶、平地瑶、过山瑶等。花瑶属于过山瑶的一支，目前花瑶主要聚居在邵阳隆回县虎形山乡。虎

瑶族村落

形山瑶族乡共有大托、万贯冲、水栗凼、虎形山等15个瑶族村，其中以崇木凼和虎形山的瑶族聚集最为多。

　　花瑶人聚居在平均海拔1300米的山地，地理环境恶劣，农作物多为一年一熟，产量较低，以金银花等药材和猕猴桃等果类为主要经济作物。这样的自然环境，使得花瑶人多年来一直过着自给自足的生活，虽然清贫，但从某种程度上来说其民族习俗和节日生态保存得较为完整，民族服饰和生活习惯也一直延续下来。

✤ 寨不离树　树不离寨

　　千百年来，居住在湖南邵阳隆回县西北部高寒山区虎形山上的花瑶人视古树为生命，继承着"砍树宁肯砍人"的护树传统，使得这片土地上的树木经千百年风霜雨雪依然郁郁葱葱、挺拔而立，形成了一道亮丽的文化景观——崇木凼古树林。

虎形山

崇木凼古树林坐落在虎形山瑶族乡瑶族群聚居地，现存树林面积3.8公顷，有百年古树325株，其中树龄在300年以上的28株，最古老的树距今已达1000多年。林中古树多为常绿、落叶、高矮杂生，以水青冈和白栎为最多。树林中既有清光绪九年伫立的禁林石碑，也有"同蔸生异树，树腹中长竹"的古树奇观，还有花瑶人根据树冠、树枝、树根和树干的形态而命名的"千年富翁""天罗地网""银蛇拱地""天女散花"等。

在花瑶山寨，有古树的地方就有人家，有人家的地方必有古树。对古树的崇拜，是贯穿于整个花瑶民族宗教观念中的重要内容。对于花瑶人而言，古树曾经帮助他们的祖先躲过刀光剑影的迁徙追杀，象征着梅山神，也就是提供他们祖辈赖以生存的生活资源的神圣代表，因此，他们在面对这一神圣的代表时从不敢有丝毫的怠慢和不敬。花瑶人这一质朴的崇拜，也体现在了挑花之中，寄托着他们的信仰。

一段历史

花瑶挑花的历史与花瑶人的历史一样悠久而漫长。早在汉以前，花瑶挑花就已经开始有了雏形的发展。

到了唐代，在魏征主持编撰的《隋书》中这样描述瑶族的服饰，即"长沙郡杂有夷蜒，名曰莫瑶"，"其女子蓝布衫，斑布裙，通无鞋履"，这一描述与如今的花瑶女子服饰非常的相似。

花瑶挑花绣

明代洪武元年（1368年），花瑶人进行了一次迁徙，他们从洪江迁到了隆回定居。这个时期，挑花绣的技艺有了飞速的发展。在这个过程中，还流传着一个关于花瑶挑花基本图案"杯干约"的美丽传说。据传一位瑶族姑娘在岩壁上玩耍时，发现岩壁长着一朵绿色的花朵，外观极其美丽，于是她便将这个绿色花朵的样子挑刺在衣服上，久而久之越来越多的瑶族姑娘开始挑刺这种图案。通过这个传说，我们可以了解到花瑶挑花绣图案的起源与历史，以及花瑶女子不断探索挑花绣发展的历程。随着时间的推移，挑花制作的水平和技法日益成熟，花瑶女性在不依靠描图设计和模具绣架的情况下，就能以简练生动的手法，表现出复杂的自然形象和抽象的人类思维理念。

中华人民共和国成立后，花瑶人翻身做了主人，对美更加珍惜热爱。没有文字，他们就用挑花表达美好的心愿。近年来，花瑶独特的挑花服饰引起了社会各界的广泛关注，这使得花瑶挑花得到了有力的挖掘、保护和发展。

我国著名文学家沈从文先生称赞花瑶挑花为"世界第一流的挑花"。1994年花瑶挑花在文化部举办的"中国民间艺术一绝大展"中获得铜奖，2003年又获"中国首届文物仿制品暨民间工艺品大展"金奖，隆回县虎形山瑶族乡因此被湖南省文化厅命名为"文化艺术之乡"。

一袭传统

❀ 花瑶挑花中的图腾信仰

◉ 盘瓠

盘瓠是瑶族的古老图腾。瑶族将盘瓠奉为至尊祖先神、保护神，顶礼膜拜。那么何为盘瓠？在《后汉书·南蛮传》中这样描述盘瓠："时帝有畜狗，其毛五彩，名曰盘瓠……盘瓠死后，因自相夫妻，织绩木皮，染以草实，好五色衣服，制裁皆有尾行……号曰蛮夷。"由此可见盘瓠的外形为狗。因对盘瓠图腾崇拜的信仰，花瑶人自古喜欢把五色服、狗尾衫用五色丝线或五色布进行装饰，以象征五彩毛狗。

◉ 蛇图腾

隆回县虎形山乡及溆浦山背一带是花瑶的聚居地，这里山多林密，环境湿热，非常适合蛇类生存繁衍，故而此处多蛇。长期与蛇为伴，让花瑶人相当熟悉蛇的习性。在蛇的各种习性中，花瑶人最推崇的是蛇类拥有的人类所不能及的能力，比如能在水里生存、长久耐饿等，正因如此蛇被花瑶人看作灵物，成为花瑶的图腾。呈现在花瑶挑花绣中的蛇图案，主要有盘蛇、交体蛇、昂头翘尾蛇、无尾双头蛇、蛇缠蛇等。

◉ **虎图腾**

虎威严、健壮的形象，在花瑶妇女心目中代表了勇敢的男子汉。虎头正面示人，虎身则为侧面，健壮的四肢全部展现出来，这是花瑶挑花中常见的虎的形象。有时还会在大虎的腹部绣上小虎，这样使得整个画面非常鲜活。

花瑶挑花中的生殖崇拜

在花瑶挑花图案中经常出现双鱼、对鱼的图形，它们蕴含着薪火相传，生生不息的生殖崇拜观念。据考证，这是由于对鱼的轮廓源自女阴的形状，并且鱼类繁殖能力很强，自古便有鱼腹多子的说法。

因蛇的形态与男根形状相似，且在民俗中习惯以蛇作为多子多产的代表，所以挑花作品中蛇作为男根崇拜的形象。比如挑花中比势蛇、交尾蛇、群蛇共舞等。

花瑶挑花中的生态文化

花瑶挑花中蕴含着丰富的生态文化比如花瑶挑花的图案中，成对的古树名木、成对的鸟兽花纹，成对、成群的蛇、蟒、鸟、虎、鹿、马等动物。它们一个个都那么的生机勃勃、栩栩如生，完美地再现了动植物的生态文化。以人物形象为中心并配上动植物，这样的一幅画面呈现出人与环境的和谐之态，同时也寄托了花瑶人对原生态环境的愿景。

挑花图案局部

❂ 花瑶挑花中的家庭文化

花瑶人浪漫多情，在情感生活上讲究恋爱自由、婚姻自主。与汉族婚嫁习俗不同的是，在婚姻家庭形式上，既可以女方嫁到男方家，过着"从夫居"的生活；又可以招郎上门过着"从妻居"的生活；更可以采取"两边走"的家庭模式，以便兼顾男女双方的家庭。这种平等的婚姻观，让婚后夫妻无重男轻女的思想枷锁，更能促进家庭和睦。《双龙会》的花瑶挑花所描绘的两条相交龙共同孕育孩子的场面，就深刻地体现出了这种特殊的婚育习俗。

黎锦
Lijin

一件作品

❀ 三联幅麒麟呈祥龙被

这幅作品是2020年8月由海南省白沙黎族自治县的黎锦双面绣省级代表性传承人符秀英独立制作完成的。龙被由两部分组成，其一是底布，即织成一定花纹图案的长条布；其二是绣体，即在织好的底布上绣各种花纹图

黎族刺绣

案。龙被因图案变化多，色彩丰富多变，而被认为是黎锦中难度最大的作品，在黎族的社会生活中，龙被主要被用于民间信仰活动如祭祖拜神、婚姻嫁娶、祝寿法事、丧葬殡仪等。

黎锦距今已有三千多年的历史，因图案具有浓郁的民族性和艺术性，被誉为承载黎族历史传统的符号。黎族主要有"哈""杞""润""赛"和"美孚"等方言区，因语言、习俗、地域的差异，也使得黎锦在不同的方言区有着独特的风格。

❀ 黎锦纹样分类

◉ 人形纹

普通人形纹：一般人形纹从正面视角展示人物形象。

哈方言以女性形象为主，头部为菱形，细腰，双手叉腰，双脚外翻，突出手指和脚趾，配饰器物较多，如戴耳环的妇女，执棍的舞者等，人物常占据较大面积的单元格，以二方连续伸展排列开来，上下饰以较粗线条的彩色花边衬托主体纹样。

杞方言用三角形和菱形组成图案，且人的身体大多互相重叠，共用一个身体或者头部，具象人纹较少，男女人纹形象的差异比较大，用夸张的耳饰和突出的主体来表示女性，男性则造型简单，线条粗壮。常见在矩形格子内织各种造型的人纹，一般一格内一个人像，也有一格三像甚至一格九像的情况。

润支系方言中的大力神纹常采用套图的表现方式，以粗壮健硕的大力神为母体，在其周围分布着形态抽象的小大力神，在留白的地方会被"卍"纹、稻谷纹、回纹、波浪纹等装饰性纹样填充，以此象征着祖祖辈辈携手共创丰衣足食的生活。

赛方言的人纹大多数都高度抽象变形，较难辨认人物的四肢形态，少有细节装饰，以几何线条构成数量众多的单元图形整齐有序地排列成横向的连续花纹，图案尺寸很小，只保留最基本的人体特征。

美孚方言的人纹则采用较细的线条来表现，比如其四肢和躯干呈夸张的延长折线状，肩膀、胯部、关节处用短横线条强调了人物形态，不同于其他方言利用整体线条来表现人物形态，美孚方言多分散线条的组合来体现人物特征。

大力神纹

复合人形纹：复合人形纹一般是人与物的结合纹样。

黎族妇女一般采用正平视或侧平视的角度来表现骑牛或骑马的形态，将人的下半身与牛（马）背简化合并成为一个整体，简洁明了。

润支方言常将龙和大力神纹结合起来，营造出气势磅礴、雄伟宏大的壮景。除了动物外，人与房屋、人与船只等动静结合的图案也会出现在黎锦中。

黎族妇女骑牛图

特殊人形纹：黎锦中有一些人形纹具有特别的意义，或是在特殊场合下才会使用到这类纹样。

"孕母纹"是杞方言黎族的经典图案，小孩置于大人的腿部下方，大小人纹间用几何线条相连，形成母子纹样。

"寿星纹"在哈方言和杞方言中都有出现，一般绣在衣服背面腰身正中处，且以一对的方式出现。

哈方言的尺寸较小，且两个寿星大小不一。

杞方言的尺寸较大，且线条组成较为复杂。

"鬼纹"是哈方言哈应和抱怀分支常常应用于丧服中的一种特殊的人形纹。纹样采用两种深浅不一的颜色，按照二方连续的规律无限延伸，亮度高的人形纹代表的是在世间生活的人，亮度低的则表示存在于阴间的鬼魂。

哈方言"跳鬼图"人纹代表的是祭司，两侧分布的数条雷纹是"雷公鬼"，整个图案通过红蓝两色的对比，象征了祭司在施法可以通灵人鬼两界，黑色或藏蓝的底色代表了黑夜。

"狩猎图"的构图形式为二方连续的菱形或方形格，格内的母体纹为人纹，手持弓箭的人物形象高大威猛，四周为猎物和花草，颜色多为红、黄、绿等鲜艳色彩，纹样的边缘又用白色或黑色镶边，增加了图案的立体感。

"婚礼图"是出场人物最多的图案之一，描绘了传统黎族婚礼中迎亲、送娘、送彩礼、拜堂等过程，人物形象鲜明且各自代表了不同的身份。

"三月三节庆舞蹈图"记录了载歌载舞的热闹场面,图中通常会塑造好几种不同造型的人物,有的叉腰、有的双手高举、有的骑着马、有的倒立,数量多达百个,并排或上下排分布,四周还穿插着动植物和山坡作为背景,营造出盛大的节日场面。

"纺织图"描绘了男耕女织社会中勤劳的黎族妇女在家忙于纺纱织布的动人场景。

"渔猎农耕图"记录了黎族生产劳动的场景,图中的主体纹为人纹,四周布满戴斗笠骑牛的农民和奔跑的牛羊,描绘出人与自然和谐共处、快乐生活的劳动画面。

"隆闺图"的中心是一座房子,房子里有两个年轻人坐在一起,象征谈恋爱的一对男女,房子的外面分别站着两个大人,代表了他们各自的祖先,意为在祖先的庇佑下年轻一辈结为连理、传宗接代、人丁兴旺的美好愿望。

动物纹

龙纹:润方言的龙纹代表黎锦刺绣艺术的最高水准,双面绣龙纹在黎语中称作"攀当"。龙纹分为两种类别:

地龙,脚趾向下、脚趾向外翻卷,足部与肢部造型宽厚。

飞龙,足部向内收拢、肢部较为纤细。

鸟纹:斑鸠纹常见于哈方言黎锦,是哈支系黎族的族徽纹。

黎锦鸟纹

甘工鸟纹也常出现在哈方言黎锦中，以几何图描绘抽象鸟形，菱形为头，尾巴或开或闭富于变化。

鹿纹：鹿在黎族民间被视为仁兽和吉祥之物。鹿纹在黎锦中尤为常见，这与其生活的地理环境息息相关，织绣鹿纹的服饰常出现于祭祖、婚礼等喜庆活动，是祥瑞的象征。

牛纹：牛是与黎族人生产劳动最密切的动物，寓意财富和丰收。

熊纹：熊纹常出现在润方言黎锦中，以面的形式展现熊粗壮的躯体，并在其背上添加人物的头部或上身，以此显示黎族祖先征服熊的英勇无畏精神。

蛙纹：青蛙在民间有两重寓意，一是求雨，二是生殖。

鱼纹：黎锦中的鱼纹以块面表现形式为主，有呈二方连续横向排列的，也有头相对的双鱼纹。

❀ 植物纹

植物纹在黎锦中一般作为花边或装饰边织绣在主体纹样的周围，选材内容依旧围绕日常生活中经常见到的花卉树叶展开，如枫叶纹、缠枝纹、竹叶纹、榕叶纹、蕉叶纹、木棉纹等，还有生产作物中常见的稻谷纹、花生纹等。

植物纹刺绣

❖ 黎锦的色彩

虽然黎族的五个方言存在明显的地域差异，但他们都喜好五种颜色——黑、红、黄、绿、白，并且他们对这五色的诠释也是基本一致的，即黑色是主色调，它代表着吉祥、庄重；红色是生命的象征；黄色象征着丰收、力量和刚强；绿色代表智慧与生机；白色是圣洁美好的象征。在黎锦作品里，黎族人习惯以黑色作为基本色调，将红、黄、绿、白等亮丽色作为辅色进行调配，最终形成属于自己的色彩语言，并利用这种语言织绣出美丽的黎锦。

黎锦图腾元素

一位有缘人

❀ 黎锦双面绣传承人

符秀英，海南白沙人。符秀英家境贫寒，身为家中长女，打懂事起，就为填饱肚子而发愁。在饥饿、贫困中，符秀英外婆手中的黎锦绣，给她的生活带来了一丝亮色。在她刚刚7岁时，就跟外婆学着绣了一些简单的图样。到上中学时，她有意无意地跟着大姑织了一些简单的装饰布条。

刺绣局部

17岁那年，因家里困难，符秀英初中刚毕业就被粮站照顾参加了工作。符秀英的生活逐渐趋于稳定，继而结婚生女。然而，天有不测风云，2005年年底，已下岗的符秀英又遇厄运，相濡以沫的丈夫因心肌梗死突然离世，撇下她和两个正在上学的女儿。如何养活孩子和自己成了最大的难题，符秀英当即陷入困境之中。

2006年8月，在符秀英最无助的时候，年过八旬的大姑符明兰提议让她跟随自己学习黎锦双面绣。符明兰是白沙远近闻名的双面绣高手，曾被邀请到海南省民族博物馆授课。符秀英想到自己儿时跟外婆学黎锦时打下的基础，以及前些年闲暇时跟大姑学习双面绣的经历，不禁动了心。于是，符秀英开始跟大姑学习黎族双面绣针法，自此从下岗职工变成了职业绣娘。

符秀英在从事黎锦绣的路上，不仅自己实现了脱贫致富，还带动当地妇女学习黎锦双面绣技艺，使她们靠针线绣出了致富的美景，更是为黎族双面绣技艺的传承和发展做出了积极贡献。她相继被评为白沙黎族自治县非物质文化遗产项目黎族传统纺染织绣技艺代表性传承人和海南省非物质文化遗产项目黎族双面绣技艺代表性传承人。2019年9月9日，符秀英作为海南省省级黎锦非遗"双面绣"传承人在联合国教科文组织总部作了有关黎锦纺染技艺方面的专题发言。

新媒体下的黎锦传承人

张潮瑛，出生在海南省白沙黎苗族自治县，是一名海南传统黎锦纺染织绣技艺传承人。

在她童年的记忆里，妈妈给学生排练黎族舞蹈时，他们穿戴的黎锦服饰，看得她爱不释手。深受黎锦文化感染的她，曾在儿时跟随外婆学习过织锦技艺，但上学后便不再接触。

在大学期间，张潮瑛为了完成一篇关于非物质文化遗产的毕业论文，在白沙县文化馆查阅了大量关于黎锦的资料，这些制作精巧、色彩鲜艳的五彩黎锦让她惊叹之余又感到十分可惜。这一次"结缘"，黎锦在张潮瑛心里埋下了一

海南白沙门

粒种子。毕业后，她从事过酒店管理人员、文员、舞蹈老师，还开过餐馆，但她心里总觉得"空荡荡的"。她发现，自己不管身处何处，心里魂牵梦绕的依然是家乡的黎锦。2009年2月，张潮瑛毅然返乡，开始了黎锦创业之路。

没有任何基础、一心想要学习黎锦的张潮瑛求艺之路走得十分艰难。在白沙县文化馆馆长的推荐下，张潮瑛拜当地一位有名黎锦师傅为师，开始正式学习润方言织锦及双面绣技艺。从师学艺的四年多里，没有基础的张潮瑛每天至少花10个小时学习黎锦。为提升技艺，张潮瑛还曾在五指山民族技工学院织锦专业班进修。

2016年6月，张潮瑛成立了灿然黎锦合作社。由于资金的短缺、销路不畅通，曾一度让灿然黎锦合作社陷入经营的困境。父母的支持和当地政府的优惠政策，为张潮瑛的创业之路带来了光明。

为了拓宽黎锦的销售渠道，张潮瑛开始运营自己的短视频号。张潮瑛时常选取海南不同的拍摄地，和小伙伴们载歌载舞录视频、开直播。2019年，借助新媒体平台的传播，黎锦文化渐渐受到越来越多的网友追捧，黎锦合作社也取得了不错的收益。

黎锦织锦

一门手艺

黎锦按技艺可分为纺、染、织、绣四大工艺。

❀ 纺纱

纺纱是一个技术流程，它要求纺纱人员必须熟练，纺出的纱线条要均匀。

❀ 脱棉籽

脱棉籽是纺纱加工工艺的第一道工序，即清除掉棉絮中的棉籽，便于纺纱织布。木棉脱籽时，选择阳光充足的天气，将木棉暴晒至开裂，取出棉絮放入竹制筐罩中，用搅拌棒使棉籽棉芯分离。海岛棉可以直接脱籽，量少时可以手工脱籽，但效率低且费时费力，量多时一般用脱棉籽机。

脱棉籽机

◉ 弹棉

脱籽结束后需要将棉花开松使之成为絮状，弹棉这一工序不仅能使棉花变得蓬松易于纺纱，还能过滤掉脱籽时被遗漏的杂质，使棉花更白净。弹棉的工具是竹片做的弹弓，使用时，一手压弓与棉上，另一手拨动弓弦，使其振动将棉团弹松即可。

◉ 纺纱

纺纱是前期原材料处理中最重要的一步，黎族传统的纺纱方法是将开松的棉花通过加捻和拧绞的方法加工成条状细纱线。纺纱工具主要是纺锤和脚踏纺车。

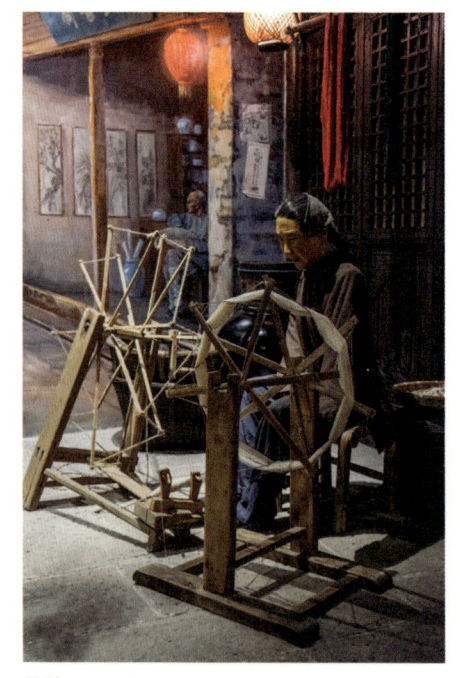

纺纱

◉ 导纱

经过纺纱的棉线还不能够直接用于织造，导纱的作用一方面是避免纱线错乱，纺纱时有些纱线交叠容易断裂、缠绕或起毛，经过导纱后纱线能够有序排列；另一方面纱线需要组合线架的辅助进行经线的分层处理才能上机织锦，否则无法使经纬线有规律的交织。这个工艺会用到绕线车和绕线架。

染色

染色是第二大工序。黎族的染色原料比较传统，基本上就地取材，即野板栗树皮、苏木、黄姜茎、枫树皮和叶谷木叶、蓝靛叶等植物。

织绣

织

除美孚黎方言习惯使用座式脚踏纺织机外，其他方言地区多使用较为原始的踞腰织机。踞腰织机，又简称为腰机。在织布时，先将踞腰织机绑在腰带上，再用双足踩住织机经线的木棍，把经纱安装在织机上，绷紧经平面，坐在地板上进行织锦。

绣

黎族的刺绣从方式上来看，可以分为"手绣"和"脚绣"。"手绣"是指手拿棉布便可绣图案花纹。"脚绣"是指在踞织腰机上绣图案花纹。

一方水土

❋ 美丽富饶之地养育巧手黎人

海南省位于中国的南端,整个海南岛都处于热带气候区,全年温暖适宜,雨量充沛,岛内主要河流流域面积将近占到全岛面积的一半。岛内地势中高旁低,五指山、鹦哥岭、黎母山等多座高山峻岭重重阻隔。岛上动植物资源极为丰富,拥有上百种海南岛独有的热带维管束植物,其中就包括可以用于纺织的海岛棉、木棉、蕉麻等。

黎族船型屋全貌

黎族船型屋

  在这片肥沃的热土上居住着海南岛独有的民族——黎族。关于黎族的起源尚无定论，大多数人认可的说法是黎族人来自古骆越的一支，大约 6000 年前由两广横渡琼州海峡而进入海南岛的古人就是黎族先民，经过几千年的不断迁徙、融合，最终形成了一个新的民族共同体——黎族。由于迁入的群体不同，到达的时间不同，抵达海南岛后居住的地理环境也不同，造成黎族内部又分为哈、杞、润、赛和美孚五个方言区。润方言被认为是最早迁来海南岛的黎族，集中在白沙县，至今仍保留最传统的贯头衣形制。美孚方言中的"美孚"二字意为"外来"，他们被认为是由汉人在长期与黎人的生活中演变成为的黎族人，因此有一些生活习俗异于其他四个方言。赛方言主要集中在保亭县，长期与汉人杂居，受到汉文化的影响较深，古时男女一般着汉服。

因自然资源的优越性，加上黎族的多样性文化和族人的心灵手巧，他们很早就掌握了用木棉纤维纺织衣服的技术。在纺织实践中，黎族人不断改进和创新技术，使得他们生产的纺织品在历朝历代中获得了不同程度的认可和赞誉。

黎族织花女上衣

成就布业始祖

黄道婆（1245—1330），又名黄四娘、黄母、黄婆，出生于南宋末年的上海松江府乌泥泾镇（今上海市华泾镇），是我国棉纺业的先驱，宋末元初著名的棉纺织家，13、14世纪杰出的纺织技术革新家。黄道婆不仅无偿地向百姓传授先进的纺织技术，还积极推广先进的纺织工具，因此受到了百姓的爱戴和敬仰。在清朝的时候，更被尊称为布业始祖。

南宋末年棉花种植技术已经传到了黄道婆的家乡，当地妇女已经学会了棉花纺织技术。黄道婆心灵手巧，很快学会了纺织技术。劳作之余，她也爱动脑子，善于琢磨，她发现棉花去籽时一个一个地用手剥实在太

黄道婆

慢，不仅效率低，而且累得手疼；弹棉絮的小弓只有一尺半长的线弦，必须用手指来拨动，弓身小，没有劲儿，而且线弦容易断，手指拨弦也很费力气，以这样落后的技术纺纱织布，很难满足那些干活人穿衣服的需求，她时常琢磨有什么能够提高工效的新办法。后来黄道婆看到海南岛的黎族所生产的匹幅，长阔而洁白细密的"慢吉贝"、狭幅粗疏而色暗的"粗吉贝"，她不由得对那里的纺织技术心驰神往。

为了掌握黎家纺织技术，黄道婆不远万里来到了海南向黎族人学习。为了能够早日学成，她刻苦学习黎族语言，努力和黎族同胞打成一片，虚心拜他们为师。她仔细琢磨研究黎族的纺织工具，学习纺棉技术，不错过每一道工序、每一种工具。朴实好客的黎族人不仅在生活上照顾黄道婆，还将自己的纺织技术倾囊相授。聪慧的黄道婆很快就熟悉了黎家全部的织棉工具，学成了他们的技术。在后来的实践中，黄道婆将从黎族人那里学到的纺织技术与家乡织布技术相结合，不仅提高了纺织的效率，更是提高了纺织品的质量。

回到家乡后，黄道婆把从黎族人那里学来并掌握的织造技术毫无保留地传授给松江地区的人民，使松江地区的棉纺织技术迅速提升到了一个相当高的水平。她发明的先进纺织工具，使当时以棉纺织业为生的千余家织户的生产产量成倍增长，极大地推动了我国纺织业的发展。

黄道婆织布塑像

一段历史

黎族人的织锦史,不仅凝聚了他们的勤奋与智慧,更书写了黎族深沉而质朴的文化。

依据目前出土的遗物,可知黎族早在新石器时代就已经掌握了简单的纺织技术,并已经可以制作和使用最早的纺织工具了。

在秦以前是黎锦发展的成形时期,进入汉代,黎族人的生活方式开始发生转变,黎族的纺织技术也得到了一定程度的发展。汉代时期,因其纺织的广福布质地精美,而被选为"岁贡"。

到了宋、元时期,因社会的各个层面的发展,黎族的纺织技术和工艺制造均得到了提高,黎族纺织品的名气也随之远播。如宋代周去非的《岭外代答》记载:"吉贝木如低小桑,枝萼类芙蓉,花之心叶皆细茸,絮长半寸许,宛如柳绵,有黑子数十。南人取其茸絮,以铁筋碾去其子,即以手握茸纺。不烦缉绩。以之为布,最为坚善。唐以为吉贝。"再如南宋的赵汝适亦在《诸蕃志》中写道:"妇人不事蚕桑,惟织吉贝、花被、缦布、黎幕。"从这些古籍中,可见当时黎锦的发展程度。

到了明清时期,黎锦的制作更为精细、华美,这与黎族人不断探索和反复实践密不可分。这一时期的黎锦,呈现出品种繁多、色彩鲜亮、图案精巧的特点。清代的屈大均在《广东新语·货语》中曾这样称赞黎锦:"其出于琼者,或以吴绫越锦,拆取色丝,间以鹅毳之绵,织成人物花鸟诗词,名曰黎锦。浓丽可爱。"可见此时的黎锦已经发展到了一个高峰,"机杼精工,百卉千华"就是对它最真实的写照。

一袭传统

❁ 黎锦图案的精神文化

❀ 动物崇拜

黎族几千年来一直保留最古老的图腾崇拜习俗，普遍对"龙"保持一种敬畏的情感，是其族源的象征。"龙"是黎锦图案中常见的图案，其次是蛙纹、鸟纹等纹样。"龙被"是黎锦文化的代表，是黎锦技艺中成就最高的艺术珍品。其工艺复杂、图案精美，构图饱满、和谐、均匀、靓丽。因黎族的祖先古越族和百越族认为青蛙与百越人有着某种的特殊联系，所以自古以来他们都有"崇鸟敬蛙"的习俗。黎族人认为青蛙可以赐子、辟邪，还能保护农作物。鸟对于黎族人民来说也非常重要。根据黎族的民间传说记载，黎母小的时候是一位孤女，是纳加西拉鸟"含榖子将其喂大的"。所以人们把它当作"神鸟"来崇拜，认为它是黎族的保护神，并且把这些鸟织绣成黎锦纹样以纪念神鸟的功绩和恩惠。

❀ 人纹崇拜

人纹图案是黎锦中出现最多的图案，黎族人自古有重人轻物的思想观念，黎族人自古以来对"祖先"有一种特殊的情感崇拜。黎族的原始宗教迷信氛围浓郁，尤其崇尚"笃人主巫鬼，好事诅祝"。黎族人认为祖先能够为黎族人民祈福消灾，族内发生任何大小事或者难以索解的现象时会通过祭拜祖先的方式来消除灾难。黎族对祖先的崇拜是世世代代沿袭下来的，所以在黎锦中出现大量的祖先纹。

大力神人形纹是黎族人一种超现实的幻想，是黎族人对美好事物的向往，是对无限力量的精神象征。大力神纹在黎族人的意识里表现了两种含义，首先是纪念大力神纹的丰功伟绩，其次，大力神纹象征着吉祥如意、保佑平安。黎锦图案都蕴含了浓厚的精神内涵和情感寄托。

母子纹采用虚实相结合的构图方式，其体现了中华民族传统文化长幼互爱的优良传统美德。体现了民族的文明，家庭成员之间团结友爱、家庭和睦、母子情深与尊老爱幼的传统美德。

黎锦

❀ 传统文化在黎锦中绽放

黎族没有自己的文字，千百年来形成的民族传统文化通过歌谣、舞蹈、口述、织锦图案等形式来传承。黎族人都能歌善舞，有鼻箫、独木鼓、哔哒、口拜等民族乐器，还有为宗教祭祀而创作的祭祖舞、庆祝"三月三"传统节日跳的竹竿舞、祈祷丰收跳的舂米舞、婚礼时跳的逗娘舞等。

除了动人的歌谣，黎族人还创作了大量想象丰富的神话传说，如讲述族源和创世的神话《黎母山的传说》、赞颂英雄人物的神话《大力神》、解释自然现象来源的神话《五指山的传说》。民间故事则多以爱情为主题如《甘工鸟》，也有反映穷苦人民机智反抗的故事如《聪明的小长工》，讲述历史名人的故事如《黄道婆的传说》，惩恶扬善的故事《宝葫芦》，等等。

相对于歌谣、舞蹈等，织锦的图案却是比较完整保留下来的有形记录，其内容包罗万象，将舞蹈和神话传说化成了形态各异的纹样织绣在服饰中一代代传下来。

渤海靺鞨绣
Bohai Mohexiu

一件作品

渤海靺鞨绣第四代传承人孙艳玲的绣品《母亲》，题材选自画家李自健的油画《母亲》。这幅绣品使用了70余种色线，配合三角针、平针、乱针、铺针、施针等针法，结合丝线并股掺色的工艺技术制作而成。它还原了绘画作品的艺术特色，将一位饱经沧桑的母亲展现得淋漓尽致。

传承千年的渤海靺鞨绣又名满绣，是流传在东北满族的传统民间工艺，是东北地区以牡丹江为中心的满族刺绣品的总称，它是靺鞨、女真、满族刺绣的民间艺术，是中国优秀的民族传统工艺之一。该工艺从传承到开发融入了东北独特的山地文化，刺绣出来的作品色彩艳丽、透视逼真。渤海靺鞨绣因地缘环境的原因，其作品透露着粗犷豪放的东北风土人情。渤海靺鞨绣还被誉为"刺绣中的油画"。

渤海靺鞨绣的针法

渤海靺鞨绣一般采用的是满族早期渤海国的传统针法，即鸡爪针。鸡爪针的针脚比较大，形态类似鸡爪。随着时代的发展，出现了新的针法形态。现在针法类似三角形，形态类似五角星。针法由大到小，四至八层叠加，丝线并股掺色使其呈现立体感极强的刺绣艺术作品。

❀ 渤海靺鞨绣的色彩

靺鞨绣的作品通常给人们浓烈、绚丽的感觉。基于此渤海靺鞨绣一般会采用高纯度颜色的丝线，为了达到色彩和谐，色差过渡柔和的效果。因红色象征着热烈喜庆，所以在靺鞨绣作品中红色出现的频率比较高。

红缎地满绣花卉纹右衽童上衣

❀ 渤海靺鞨绣的纹样

❁ 动物纹样

靺鞨绣中最常见的纹案内容是动物纹样。比如蝴蝶、马、鸟、牛等动物类型，龙、麒麟、凤凰等神兽。

动物刺绣——丹顶鹤

❁ 植物纹样

植物纹样也是常被运用的类型之一。比如寓意富贵荣华的牡丹，寓意多子多孙的石榴等。

❁ 几何纹样

几何纹样常常带给人们明快、醒目的视觉效果。菱形、圆形为最常用的几何素材。

渤海靺鞨绣的材质

渤海靺鞨绣作品的底衬布通常选用带有地域民族特色的麻布、粗棉布、绸棉布、绸、纱、缎、绢等纺织品。在丝线的制作上采用古老的靺鞨族蒸煮柞蚕壳脱丝法，由此法制作出来的柞蚕丝，其丝具有独特的珠宝光泽、天然华贵、滑爽舒适。

柞蚕主要在北方柞树林中野生，以柞叶为食。柞蚕丝具有天然的淡黄色和珠宝光泽，在实际生产过程中，往往要用白碱等进行褪色处理。与桑蚕丝相比，柞蚕丝刚性较强，用它制成的丝织品平滑挺爽、坚牢耐用、粗犷豪迈。柞蚕丝可按煮、漂茧的方法及使用化学药剂的不同分为药水丝和灰丝。

柞蚕

柞蚕蛹

一位有缘人

孙艳玲，国家级非物质文化遗产满族刺绣渤海靺鞨绣第四代国家级传承人、省级工艺美术大师、省级大国工匠。致力于保护传承满族刺绣事业数十年，兰心蕙质造就匠心，厚德载物铸就师魂。以针为笔，用线作画，洋洋洒洒、浓墨淡彩，绘制出一幅绝美的满族刺绣画卷。

孙艳玲出身于满族刺绣世家，她的姥姥做了一辈子靺鞨绣，有着一手精湛的刺绣技艺，远近闻名。受家庭熏陶，孙艳玲从6岁起开始跟着姥姥学习刺绣，从一开始"歪歪扭扭"的线脚，到现在"国宝绣娘"的涅槃，走过了36年的漫长春秋。

2001年，孙艳玲大学毕业，她放弃了专业，放弃了在北京的工作机会，怀着对靺鞨先人宝贵遗产的敬仰，铭记着姥姥的殷殷嘱托，登上了回家的列车。孙艳玲开始专注对靺鞨绣的发掘保护，开始了她漫长的与满族刺绣偕行之旅。

东北民族民俗博物馆

孙艳玲一面同姥姥继续学习靺鞨绣技艺，一面开始查阅历史文献资料，深入到民间搜集相关文物和图片，对靺鞨绣的史料进行发掘、整理。东北各地大大小小的博物馆，都留下了她纤弱的身影，东北各地的山山水水都留下了她跋涉的足印。

孙艳玲对靺鞨绣针法进行了大胆的改良创新，独创了"三角针"法，针法由大到小，4~8层叠加，<u>丝丝</u>并股参色。一个一个罗列起来的"三角针"形态就像六棱形的交错，呈现出极强的立体感，所刺绣出来的艺术作品细致精巧、色彩艳丽、形象逼真，有了质的飞跃。

2001年，孙艳玲开办了牡丹江多多职业技能培训学校，开始面向社会进行靺鞨绣手工刺绣培训，2009年，她把学校更名为牡丹江渤海靺鞨绣职业技术培训学校，开始对靺鞨绣进行专业的培训推广。

2010年，孙艳玲带领团队到上海世博会参加会展，使满族刺绣靺鞨绣登上世界大舞台。由7位绣娘历经6个月1440小时创作完成的《中国·雪乡》在展会一炮打响，引起轰动。

2018年，孙艳玲在深圳市创建深圳靺鞨绣文化发展有限公司，开始了第二次创业，一项有着千年历史技艺的国家级非遗项目——满族刺绣正式落户深圳市南山区留仙洞文化产业园内。

为了做好非遗传承与保护，孙艳玲连续三年举办了主题为"千年技艺今世风华"的"非遗进社区""非遗进校园"推广培训活动，接受培训人员超过2000人。

2019年，孙艳玲在深圳举办了《满绣新章——传统非遗技艺的另一个维度》主题展览，以"满绣"为主题，全面呈现了靺鞨绣这一非遗传统技艺在当下的发展状态和产业前景。同年5月承办了《创意精品展，非遗走出去》文博会配套文化活动，以"非遗展演+文创新产品"为主线，将新文创理念和非遗创新多业态、多角度、沉浸式地传播给观众，很好地提升了满族刺绣的品牌形象。

如今，孙艳玲已授徒2万多人，带动10万绣娘就业。她的公司仅靺鞨绣就有6大系列上千个品种，让靺鞨绣这一原本皇室才能享用的产品走入平常百姓家。孙艳玲对保护和传承渤海靺鞨绣所做的努力，提升了渤海靺鞨绣的社会价值和经济价值，对于渤海靺鞨绣的保护传承具有划时代的意义。

一门手艺

一幅靺鞨绣的作品从开始准备到绣制完成，是一个漫长而严谨的过程。

绣材

底布

刺绣的底布也称绣面，其材质多样，有棉布、府绸、软缎、麻布、十字布、纱罗。刺绣会根据所绣品种而定底布。比如生活日用品的绣面通常以缎子居多，例如服饰、鞋帽、枕头顶，由于缎子面料光滑，色彩艳丽、丰富，绣后效果华丽、精致。

棉布材质

❀ 绣线

绣线的种类有丝线、棉线、金银线、发丝等。

❀ 装饰物

刺绣作品有时会绣缀各种绣珠、珍珠、玛瑙、珊瑚、木珠、琉璃等，根据图案要求，绣缀上相符的珠类或丝穗。例如绣花鞋的鞋尖常缀有珠穗，以示华美。

❖ 工艺

鞡鞨绣的工艺讲究顺、齐、平、匀、洁。

顺讲究的是直线应直，曲线应圆润；齐指针线的痕迹要整齐，无参差情况；平是指下针时要精准，这样可以使绣面平整；匀是指针脚之间的距离均匀，不可叠加；洁是指绣品完成时，应当清洁无污垢。

❖ 流程

❀ 蚕场

蚕场是蚕丝的主要来源地。

❀ 柞蚕的演变

柞蚕一般需要经过卵、幼虫、蛹和成虫4个演变阶段。

◉ 缫丝

缫丝是制丝过程中的一个主要工序。原始的缫丝，是将蚕茧浸在热盆汤中，用手抽丝，后卷绕于丝筐上。随着工业技术发展，机械缫丝逐渐成了主流。

◉ 蚕丝染色

蚕丝经过染色剂浸染之后，变成了色泽光鲜、颜色各异的丝线。

◉ 传统图稿设计

传统图稿的设计虽然耗时长，但更能体现设计者的审美与独特。

◉ 现代图稿设计

随着现代科技的进步，绣稿的设计可以使用设计软件进行绘制。这一方式的使用非常便捷。

◉ 现代底稿打印

打印机的广泛使用，可以让设计稿完整地展现在绣者面前。

◉ 专业配线

绣者根据设计稿的颜色，挑选适宜的绣线。

◉ 绣布上绷

从这一步开始，绣制工作就算正式开始了。

◉ **刺绣制作**

绣者将绣线一针一线地根据绣稿的样式在绣布上呈现出来。

◉ **质检**

靺鞨绣的成品在装裱之前，还需要进行严格的质量检查。

◉ **绣片整理**

没有质量问题的绣片，还需要进行进一步地整理，使其平整、整洁。

◉ **卡纸装裱**

使用卡纸金进行装裱，可以进一步凸显绣品的精美。

◉ **相框装裱**

为了纺织绣品被污染、虫食等，还需要用尺寸匹配的相框进行装裱。

◉ **锦盒制作**

最后一步，是将装裱好的绣品放置锦盒内，以供大家欣赏或采购。

一方水土

❖ 白山黑水之地

牡丹江，别名中国雪城，位于黑龙江省东南部，地处中、俄、朝合围的"金三角"腹地，是东北东部地区重要开放门户。牡丹江市地形以山地和丘陵为主，呈中山、低山、丘陵、河谷盆地4种形态，东部为长白山系的老爷岭和张广才岭，中部为牡丹江河谷盆地，山势连绵起伏，海拔多在300～800米，平均海拔230米。最高处为海拔1686.9米的海林市西南老秃顶子；最低处为绥芬河出境点，海拔86.5米。河流大部分注入中部的牡丹江。

牡丹江市

牡丹江夕阳景色

  中华一脉，源远流长。牡丹江流域，古为肃慎地。帝舜禹始，一直是满族的祖先及其后裔生息之地。公元698年建立了唐朝地方政权——渤海国，上京龙泉府遗迹尚存。1937年设市，1945年8月解放。至今古风犹存，民风淳朴，历代多出民族英雄和革命志士，雅克萨之战、"平南洋"抗日、八女投江、杨子荣剿匪等可歌可泣的历史事件就发生在这里。

  牡丹江风光旖旎，景色天成。中国独有、世界第二的火山熔岩堰塞湖——镜泊湖，是国家重点风景名胜区。"地下森林"是世界著名的"火山口"原始森林，为国家级森林公园。国内离城市最近的原始森林牡丹峰雄伟壮观，中国北方地区最大的人工湖——莲花湖山清水秀，横道风景区"两园一城"独具特色，"中国雪乡"冰雪旅游趣味无穷，绥芬河、东宁跨国旅游风情迥然。

  舒适的自然环境为鞑靼绣的形成创造了坚实的物质基础，为鞑靼绣的创作提供了丰富的素材，使得满族妇女能够专心于鞑靼绣的发展与传承。

镜泊湖

⊕ 粗犷而细腻的民族

东北地区生存环境严峻,野兽众多,决心扎根在这里的满族人时时刻刻都处在适应自然、征服自然的过程中,勇敢的性格和高超的武艺成为满族民众与自然抗争的重要力量。

满族还是一个能歌善舞的民族。满族人乐观向上,世世代代开拓着自己美丽而富饶的生活土壤,用丰富的歌舞形式,表达生活的多姿多彩。满族歌舞不但内容丰富多彩,有着很高的艺术价值和审美价值,而且具有独特、鲜明的民族特色。它集满族人民劳动生活、风俗习惯和精神文明于一体,是满族人民宝贵的精神财富。满族歌舞主要可分为三类,即民间歌舞、宫廷歌舞、祭礼歌舞。民间歌舞有《笊篱姑娘舞》《灯舞》《秧歌舞》《狩猎舞》《拜寿舞》等;宫廷歌舞有《喜起舞》《莽势舞》等。祭祀歌舞主要是萨满歌舞,如《抓鼓舞》《腰铃舞》等。

从清装历史剧中,我们可以发现满族是一个讲究穿戴的民族。在满族传

满族服饰

统服饰中，男子一般会穿马蹄袖制袍褂，腰身会束衣带，有时还会选择长袍与对襟马褂这样的套装，为了行走方便且显得整洁，裤腿会用青色的腿带扎好，鞋子根据季节的不同而选择布鞋或皮靴。帽子也是满族男子一个重要的配饰，比如夏季会带上凉帽以防日晒，冬季会戴上皮制的马虎帽以作保暖。

满族女子的服饰十分华丽美观，在长及脚面的旗服上，会绣制各种代表喜庆、吉祥的图案，尤其是在衣襟、袖口、领口、下摆处。花盆底绣花鞋是满族女子独有的鞋式，据说满族被称为马背上的民族，所以满族女子脚踩花盆鞋犹如再现骑马的感觉，这也算是满族对其习俗的一种传承吧！

丰富的传统节日

颁金节

农历十月十三日。公元1635年农历十月十三日，清太宗皇太极在沈阳发布一道谕旨，就是用"满洲"这个新族名代替"诸申（女真）"的旧族名，所以，人们便将这一天视为满族族称的诞生日。而"颁金"一词是满语音译，为诞生、出生之意。满族人愿意接受它是因为这两个汉字有吉祥尊贵之意。因此约定俗成，各地满族同胞就都称这一盛大节日为"颁金节"。

❀ 走百病

正月十六日是走百病的日子，晚上满族女子会聚集在一起走沙滑冰。

❀ 添仓节

正月二十五，煮一盆黏高粱米饭，上插用高粱秸扎的"马"或"犁丈"放入粮仓内，后来简化为用高粱秸扎成的"犁丈"直接插在粮仓上，意思是马往家驮粮食，丰衣足食，以祈丰年。

❀ 太阳日

满族人称太阳为"日头"，农历二月初一，满族人认为这一天是"太阳的生日"。用面做糕上放用黏米面掐成各色的花小鸡，寓意金鸡报晓迎日出。

❀ 虫王节

六月的天气，非常适合昆虫的繁殖，但却令农户们非常的烦恼。因此在农历六月初六这一天，辽宁省岫岩、凤城一带的满族人每一家都会派一个人到虫王庙朝拜，以祈求虫王爷能够保佑当年有个好收成。如今随着科技的发展，人们不再迷信神灵了，只是在当天晾晒衣物作为过节的仪式。

❀ 开山节

过去满族人有采集采药的习惯，这也是他们谋生的一个手段。所以每年的农历中秋过后，满族人会举行祝福草药采集大获丰收的活动。

一段历史

不同的历史时期，满族有着不同的称呼。先秦时称为肃慎，两汉、三国、魏晋时期又称为挹娄，南北朝称为勿吉，隋唐时期称靺鞨，从五代时开始被称为女真。1616年建州的女真首领努尔哈赤率领自己的部落，经过数年的征战，实现了女真的统一，后建立了大金国，史称后金。其子皇太极即位后，建国号满洲，并下谕旨不准称呼原族旧名。从此，满洲族（简称满族）作为民族名称问世。

渤海靺鞨绣雏形形成于1300多年前唐代的渤海国，史称"海东盛国"，位于当今的宁安市渤海镇周围。它隶属于黑龙江省牡丹江市，地处黑龙江省东南部，南与吉林省敦化市交壤，东与俄罗斯相邻，西北靠本省尚志、方正、五常、依兰等市县。"海东盛国"在中国历史上绚极一时，是我国唐朝时期地方民族政权，以粟末靺鞨族为主体，手工业、刺绣业相当发达。

努尔哈赤

渤海靺鞨绣的文化可以考证到隋唐时期，粟末靺鞨部作为靺鞨七部之一在隋唐时期发展极为迅速，逐步强胜崛起。其强大的主要原因之一是居其他六部之南，地理条件优越，与中原和高句丽接壤，便于接触来自中原和高句丽的文化与习俗。其部落领地占据松花江上、中游沿岸区域，资源丰富。加上良好的气候条件，记载中未曾受到强烈的破坏性气象灾害，土壤也是火山喷发之后含有充足的养分，适合农作物的种植生长，是北方的瓜果粮仓和鱼米之乡，这是大自然对人们慷慨的馈赠。生活安定的民众，便想追求更好的精神生活。

靠农耕渔猎为生的靺鞨族人及其后裔得到自然的支持，勤奋、聪慧、豪爽、热情、耿直是他们的性格特点。因为有这样的天时地利，所以带来经济发展与文化交流，民族得以逐步壮大与兴旺。其中以刺绣为代表，千百年来，人们热爱自然，于是刺绣图样绘制的主要对象便是来自大自然。同时上京龙泉府也是拥有160年文明与繁华的国都史，其服饰文化与刺绣技艺都有着更加广阔的发展高度，当时在唐代就有"显州之布，沃州之锦，龙州之绸"的说法，声名远播。

渤海靺鞨绣在吸收了优秀的中原文化之后，形成了工艺精湛的民族文化且又蕴含民族融合的气息，就这样水到渠成地出现了，并具有独特的区域文化。不管是渤海靺鞨绣的素材样式、延续方法、创作技巧以及靺鞨绣更深层次的社会影响力、审美和文化内涵，都是源于这片土地。由于民族文化不断渗透影响，其不仅具有本民族的文化特征还具有中华文化的多元性，渤海靺鞨绣的出现，是民族文化的代表，也是不同区域、不同文化彼此融合的呈现。

一袭传统

✦ 信仰崇拜

我国东北地区及西北地区的少数民族多信仰萨满教。在萨满教中图腾崇拜和植物崇拜占据着很重要的地位。这些崇拜观念是建立在北方先民对动植物不断的探索和认识的基础上。在萨满教世界中，神化了的动植物，都被赋予了各不相同的神性、神格。这往往与每一种动植物的习性、特征有关，这是北方先民对生物世界认识的曲折反映。

满族服饰

萨满教是满族人的精神家园，经过一代代的相传，其早已融入满族人的日常生活当中。在萨满观念意识的传继下，满族人把崇尚自然、热爱自然的理念，植入到了刺绣作品中。表现自然山水、动植物题材的刺绣作品比比皆是。

蓝缎绣喜鹊梅花钱包

受萨满教的影响，满族人把各种动物高度神化，并赋予多重性格，在创作艺术形象时，各种动物有了神秘的宗教色彩，有了更多的心理寄托。如象征着平安幸福、吉祥富贵主题的"龙凤图""喜鹊登梅"；象征驱魔避难主题的"骑

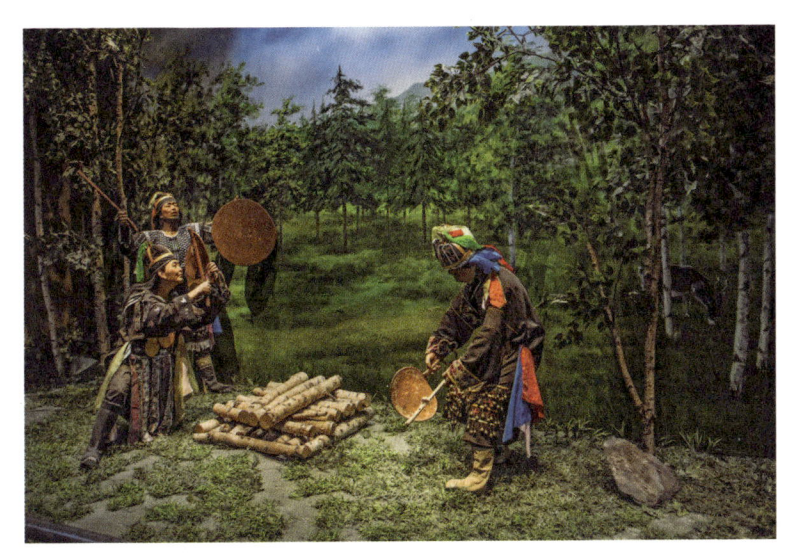

萨满教仪式

虎娃娃""钟馗捉鬼";寓意爱情主题的"鸳鸯戏水";寓意延绵子孙主题的"鱼戏莲""榴开百子"等。

祖先崇拜

满族最重祀先,既诚且勤。满族对祖先的崇拜是民间家祭中的重要内容,以此表达怀念祖先、警勉后世的思想。满族崇拜的祖先神一为布库里雍顺,二为努尔哈赤。如绣样努尔哈赤打虎,画面紧凑,情节紧张,充分表达了先人们英勇叱咤的气势。

民俗传承

满族先民们世世代代在相濡以沫地充实着氏族人们的传统习俗,铸就着满族及其先世斑斓多彩的民族文化财富。地域民俗给民间艺术提供了丰富的表现题材，有些民俗在社会历史变迁中逐步退出了生活舞台，但在流传的艺术作品中我们还能看到它们曾经的存在，如坐帐的婚俗，新娘子进婆家的第一天拜过堂后，要在炕上坐帐一天，也叫坐福，新婚当晚，新房里放一张桌子，桌子上放两个酒壶和两个酒盅儿。

◈ 神话传说

在生产力低下的年代，人们往往习惯祈求借助神灵的力量来实现美好的愿望。满族人也不例外，他们也有着丰富的神话传说故事，这也是他们渴望美好生活的夙愿。除了相传久远的神话之外，一些表现地域特色的民间传说故事也是绣品中常用的题材，例如天池仙女与布库里雍顺、人参姑娘、常仙（蛇）等题材的民间传说在刺绣中也有较多体现。随着各民族文化交流的加强，其他少数民族和汉族的神话传说被逐渐认知，例如八仙、刘海戏金蟾、姜太公、白蛇传等。

清代满族绿纱旗袍

艺术滋养

渤海靺鞨绣有摹绣中国古代文人画和传统花鸟纹样作为题材的特点，与苏绣、湘绣、蜀绣等名绣有着异曲同工之妙。这些以花卉、山水、动物、人物等为题材的优秀传统文人画，可以使渤海靺鞨绣的绣品呈现出较好的视觉效果。这种结合中国画艺术，以名人作品为题材的方法，使渤海靺鞨绣以刺绣的形式追求中国传统绘画中特有的画意神韵、笔墨情趣，达到了新的境界。

山水刺绣

四川成都锦江区

蜀绣
Shuxiu

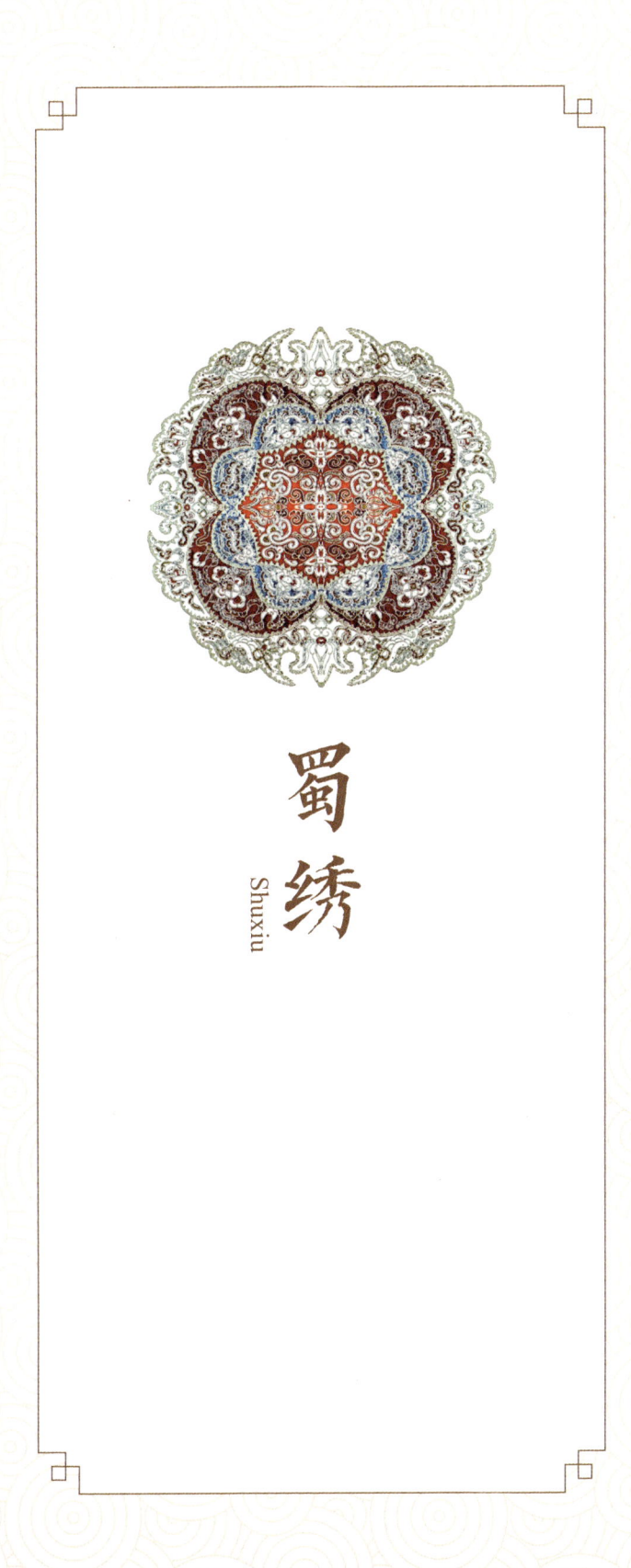

一件作品

蜀绣《芙蓉鲤鱼》，长4.4米、高1.7米，整幅画面设计极为巧妙，通过秀丽的芙蓉花和水墨般的鲤鱼构成了一幅鱼戏花间的美景，为了表现芙蓉花和鲤鱼的特点，制作者分别采用了盖针、点针、沙针、覆盖针等技法。该幅作品因其高超的艺术性与观赏性被收藏于人民大会堂四川厅，还曾获中国工艺美术百花奖银奖。

蜀绣，因其产地，又被称为"川绣"，与苏绣、湘绣、粤绣并称为"中国四大名绣"。蜀绣的主要原料是软缎和彩丝，蜀绣具有色彩鲜艳、形象生动、针脚平齐、变化丰富等特点。

多样的针法

时至今日，蜀绣通过不断地摸索与创新，其传统针法绣技已近100种，下面我们着重介绍十种常用的针法。

晕针

晕针的主要特点在于长短针有规律的变化，如全三针是长短不等的三针；二二针是两长两短的；二三针是两长三短的针。其中二三针使用得较广，主要用于花、鸟、走兽等，可凸显实物的真实感。

插针

类似晕针的乱针脚，在运针上，头一道长短直针，二道长短针插到头一道的针脚内，针脚视绣物的面积大小而增减。一般用来绣雀鸟走兽的羽毛。

◉ 滚针

长短针的一种，一针靠一针地滚，滚得不露针脚的叫藏滚，滚得稀疏现针脚的叫亮滚。适用于绣蜀葵、芙蓉花的叶脉。

◉ 接针

又叫扣针，在运针上是一针扣一针，下针须在上针落脚。适用于绣人物须发、金鱼尾子等。

◉ 扣针

针脚整齐，针与针之间精密靠着，一层一个颜色，运针时是倒起运，由内到外，能显示出绣物的凸凹形状。

◉ 载针

短而细的直线针，在插针绣的事物上面，在一定的间距上面加以载针，更能体现绣面平贴。适用于绣花叶的脉纹。

◉ 飞针

长短不一的乱针脚，在运针上有的两针相逗，有的用E3针。是一种适用于浸色的补充针法，而能掩藏原针层的埂子。

◉ 梭针

针法长短不齐，由上而下或由下而上，而上一行一行稀疏的针脚。多用于绣石岩等。

◉ **虚针**

是一种呈现长短不齐，一上一下细密不均的直线针法。一般用绣山水的不着墨处。

◉ **绩针**

是一针靠一针的直线针脚。一般用于铺地，用长短的细针在绣面上绣花纹，如凤尾上的花纹等。

丰富的题材

蜀绣题材多为花鸟鱼虫、飞禽走兽、山川河流、人物写真，等等。蜀绣喜欢临摹古代名家画作如苏东坡、郑板桥、陈老莲等的作品，有时也会请当下名家来设计绣稿。时下流行的蜀绣图案主要包括山水花鸟、龙凤、古钱一类，还有代表吉祥富贵的金玉满堂、喜鹊闹梅等，以及八仙过海、麻姑献寿、麒麟送子等民间传说，更有富于浓郁蜀地特色的图案如芙蓉鲤鱼、竹林马鸡、熊猫等。

蜀绣花鸟绣

熊猫竹子绣

灵活的绣技

线条绣

线条绣流行于20世纪80年代之前，是为了更好地体现水墨画的效果而创造的一种线画合一的绣法。代表作有画家赵蕴玉的《品箫图》和《簪花图》。

线条绣好比用丝线代替墨汁，绣针代替画笔，然后运用各种针法，比如晕、纱、滚、藏、切等，在素白的软缎上挥毫泼墨，以此来表现绘画中的各种笔法，如浓淡干湿、沙笔飞白等。中国山水画中惯用黑白灰变化来展现远山近水、层峦起伏等意境，这一写意之景，因线条绣的运用，而让绣品显得生动流畅，色彩轻柔温和。

水墨画意境

❀ 双面绣

双面绣，顾名思义即两面均有图案的绣品。在双面绣中，第一面称为绣，第二面则为撇。制作双面绣时，可以采取两种顺序，第一种可以先绣完一面再绣另一面，第二种可以先把两面中主要的部分绣完后，再绣两面的其余部分。双面绣根据颜色还可细分为双面异色绣和双面三异绣。

《稚趣图》，一面绣着情思绵绵的卓文君，另一面绣着憨态可掬的大熊猫母子。

双面绣

一位有缘人

邬学强16岁的时候，因喜欢绣工的活计，顶替母亲进了成都蜀绣厂，正式成了一名绣工。刺绣人员需要有一颗安定的心，但那时邬学强不过是一名十几岁的男孩，难免会浮躁。在这个过程中邬学强的师父对他的帮助是最大的，师父的严格要求、耐心教导让邬学强至今都对师父有着说不尽的感激之情。

20世纪80年代，蜀绣迎来了一个辉煌时期，此时刚出师不久的邬学强便跟随师父参与了人民大会堂巨幅《芙蓉鲤鱼》座屏等大型蜀绣工艺品的制作。1992年，他还被授予了"四川省工艺美术大师"称号。

然而进入20世纪90年代后，蜀绣厂的经营状况逐渐下滑。1993年，由于蜀绣厂已经无法维系生活所需，邬学强不得已选择了停薪留职，离开了蜀绣厂。离开蜀绣厂的邬学强，为了养家糊口，打过零工，开过出租车，去印刷厂打过工……离开了刺绣事业的邬学强精神上十分痛苦，但他并没有意志消沉，反而注意积累经验，这对他日后创办蜀绣工作室有很大的帮助。

2005—2006年，因蜀绣厂改制，邬学强从厂里获得了几万块钱的补偿金，自此与自己奋斗过的青春挥手告别。在同一时间，他带着儿子去了趟西藏，此行让他捋清了心中杂乱的思绪，最终下定决心重新拿起绣花针，继续蜀绣创作。

在邬学强对蜀绣创作的不懈努力之下，他有着不俗的收获。2009年，参与刺绣的双面绣《牡丹鲤鱼》，获四川省工艺美术大师精品展金奖；2015年2月8日，共9幅蜀绣屏风获得外观专利……

如今，邬学强已经创办了3个蜀绣传承基地，前后招收了100多名徒弟，注册了10件产品外观专利，产值突破百万元。而对于蜀绣的发展，邬学强还有更多的想法，关于经营、关于传承、关于更多衍生品的开发……

牡丹鲤鱼刺绣

一门手艺

蜀绣的传统生产主要是由人工进行生产制作，通过我国几千年劳动人民智慧的汇聚，蜀绣已经发展为一个具有严谨完整技艺体系并独具特色的民间美术样式。蜀绣可分为设计、勾稿、上绷、配线、刺绣、装裱（缝纫等后加工）、检验等工艺程序。

蜀绣布片

蜀绣的生产材料

蜀绣的生产材料即线（绣线）、布（面料）。

绣线

蜀绣的绣线原料选择有棉线、丝线及其他特殊艺术效果绣线（如动物毛发，金属材料的金线、银线）等。刺绣者会在制作蜀绣作品时，根据作品的不同艺术风格、所描绘对象的特点及绣品的用途来选择不同的绣线原料，比如在生活中常使用的日用绣品，就会选择比较结实耐用但是较粗

天然蚕桑线

的棉线。但是，在蜀绣传统手工生产中最主要使用的绣线原料是天然蚕丝线，蚕丝具有优良的纺织特性且具有亮丽的光泽，是高档的天然纺织纤维。

◉ 面料

蜀绣的面料选择有丝绸、绢布、棉布和夏布等，刺绣者们根据使用目的不同而进行选择。现在也有采用涤纶和锦纶等合成纤维织物作面料，但是桑蚕丝因为具有优良的纺织特性，目前仍是蜀绣的主要原料。

⊕ 蜀绣的生产工具

蜀绣的生产工具非常简单，即针（绣花针）、绷（手绷、绣架）。

◉ 针

针即我们生活中随处可见的普通绣花针，蜀绣中的绣线较细，为了使最后绣品呈现出来的绣片平整，针脚细密无痕，针通常使用极细小型。

绣花针

◉ 绷

绷分为手绷和绷架（也称绣架），它们的作用都是用来固定和绷平蜀绣面料。刺绣者根据绣品的不同大小来进行选择使用。

蜀绣的生产制作技艺流程

设计

手艺人在脑中构思刺绣作品的题材、图案、纹样和将要使用到的刺绣针法，并根据作品的需要，准备好粗细不同、色彩不同的绣线。

上绷

再将绣布安置到绣绷或绣架上，这个步骤也非常重要，面料要四周均匀用力地绷平在绣绷上，否则会影响后面的刺绣步骤。

勾绷

勾绷即是将刺绣图样勾描到刺绣底布上。传统蜀绣是手工勾绷，先将设计好的图案纹样用笔在纸上进行勾稿，再将勾稿用细针钉在底布的反面，光从背面照射过来，图案便在底布上呈现出来，然后再用笔在底布上将其描摹下来。

配线

根据所绣的图案和纹样来选择绣线，刺绣的线料一般选择丝线。选择丝线的时候不仅要根据图案来思考画稿上有多少种色彩，还要考虑渐变掺色。

刺绣

前期准备工作做好之后，就是最核心的环节——刺绣。

刺绣

装裱

装裱分为硬裱和软裱，硬裱是将绷子上的绣品直接胶粘在平整的薄木板上，待胶水完全粘牢时取下绷子，配好装饰性的卡纸装框。这种装裱方式，一般用于观赏性的绣品，因为将画面绷平，增加了刺绣作品的牢固度，便于保存和收藏。

软裱与我国传统的书法和国画的装裱方式一样，需要将绣品直接裱在特殊的纸上，这样无论大小都可以卷起来收于画筒里，便于携带和运输。

成都景色

一方水土

❀ 天府之国

四川，古称"蜀"，因此成都的刺绣被称为"蜀绣"。成都位于四川盆地西部，成都平原腹地，东与德阳、资阳毗邻，西与雅安、阿坝接壤，南与眉山相连。成都地势平坦、气候湿润、物产丰富、河网纵横，属亚热带季风性湿润气候，自古有"天府之国"的美誉。

在《隋书·地理志》曾这样描述过蜀绣的发展状况："成人多工巧，绫锦雕缕之妙，殆牟于上国。"成都平原水土丰美，气候宜人，温湿度都适宜栽桑

成都夜景

养蚕，因此巴蜀大地上盛产丝绸，质好且量大，这不仅孕育了发达的丝织技术，更为蜀绣提供了刺绣原料——丝绸和丝线，让蜀绣的发展有了雄厚的物质基础。

❀ 芙蓉之城

"芙蓉城三月雨纷纷，四月绣花针，羽毛扇遥指千军阵，锦缎裁几寸，看铁马踏冰河，丝线缝韶华，红尘千丈灯。山水一程风雪再一程。红烛枕五月花叶深，六月杏花村，红酥手青丝万千根，姻缘多一分，等残阳照孤影，牡丹染铜樽，满城牧笛声……"这是带有浓浓中国风的歌曲《蜀绣》中的唱词。这首歌曲吟唱的正是诞生于川蜀大地上的一门古老技艺——蜀绣，歌词当中的"芙蓉城"即是蜀绣的出生之地成都。

相传在五代十国时期，后蜀后主孟昶是个很有艺术细胞的人。他在位时，因喜欢芙蓉,便令成都城墙上遍种芙蓉,一时之间整个成都都掩映在芙蓉之中。自此成都遍种芙蓉,花开似锦,成都便因花而得其美名——芙蓉城。

芙蓉花

李迪红芙蓉图

能够拥有如此美丽的名字,也只能是成都人了。成都人似乎天生自带着一股子的浪漫气息,从说话谈吐到做事风格,都充满了一种细腻感,而这细腻被很好地融入进了蜀绣文化中。

在蜀绣中到处可见芙蓉花的身影,成都人身处芙蓉之中,他们把自己的所见、所想、所思绣进蜀绣,表达着对美的理解、追求与探索。

❀ 千年古城

在公元前四世纪时,开明王朝九世就以"一年成邑,二年成都",将此地命名为成都。汉代时,成都已经成为全国五大都会之一;唐代时,更是发展成为当时中国最发达的工商业城市之一;北宋时,是除京都汴京以外的第二大都会,也是世界上第一种纸币——交子的诞生之地。

历经千年的建设与发展,让成都拥有了都江堰、武侯祠、杜甫草堂等名胜古迹。

武侯祠

都江堰坐落在成都平原西部的岷江上，始建于秦昭王末年，是蜀郡太守李冰父子在前人鳖灵开凿的基础上组织修建的大型水利工程。两千多年来它一直发挥着防洪灌溉的作用，使成都平原成为水旱从人、沃野千里的"天府之国"，更是全世界上迄今为止，年代最久、唯一留存、仍在一直使用、以无坝引水为特征的水利工程。

武侯祠，又名汉昭烈庙，是纪念三国时期蜀汉丞相诸葛亮的祠堂，因诸葛亮生前被封为武乡侯而得名。它位于四川省成都市武侯区，肇始于公元223年修建刘备惠陵时，是中国唯一的一座君臣合祀祠庙和诸葛亮、刘备及蜀汉英雄纪念之地，也是全国影响最大的三国遗迹博物馆。

杜甫草堂位于四川省成都市青羊区西门外的浣花溪畔，是中国唐代伟大现实主义诗人杜甫流寓成都时的故居。

草堂占地面积近300亩，完整保留着明弘治十三年（公元1500年）和清嘉庆十六年（公元1811年）修葺扩建时的建筑格局，建筑古朴典雅、园林清幽秀丽，是中国文学史上的一块圣地。1955年成立杜甫纪念馆，1985年更名为成都杜甫草堂博物馆。

杜甫草堂

一段历史

蜀绣的起源和该地区古蜀国的丝绸文明密不可分，传说蜀是蚕桑发源地之一。蜀，在《说文解字》中解释为"葵中蚕也。从虫，上目象蜀頭形，中象其身蜎蜎。"意思是说"蜀"字像一只在桑叶中爬行的蚕。

西汉文学家扬雄在《蜀都赋》中记载了成都随处可见的蜀锦织坊，"锦布绣望，芒芒兮无幅"。唐代时期，蜀绣也成了文人心中富丽珍稀的物品，李白在《登锦城散花楼》中描述"金窗夹绣户，珠箔悬银钩"，将门上的彩绘比作锦绣一样美丽。当时富裕人家常常衣着锦绣，平民百姓中则女红盛行。唐初朝廷派窦师纶到益州"兼检校修造，凡创瑞锦、宫绫、章彩奇丽，蜀人至今谓之陵阳公样"。

到了宋代，蜀绣的盛名早已传遍神州大地。此时蜀绣的发展达到了鼎盛，绣品不论是在工艺、产销量上，还是精美程度上都已独步天下。

蜀绣

明代刺绣工艺达到了极高的水平，明代政府在四川设立了"织染局"，《明会典》记载，织染局有绣匠、织匠、毯匠、毡匠。这个时期棉织物品被大量使用，使得挑花、抽纱技法大大发展，由于挑绣制品结实耐磨又不失美观，蜀绣在民间迅速流传。

随着资本经济的萌芽，到了清朝中期后，蜀绣逐渐形成了一个行业。道光年间，蜀绣织坊还成立了民间性的组织——三皇神会。它是由铺、料、师组成的刺绣业的专门行会。这表明蜀绣开始由家庭生产逐渐走向了市场生产。同时朝廷还在各县官府设置"劝工局"以鼓励蜀绣生产。1915年，蜀绣还获得了国际巴拿马博览会金奖。之后，随着工业化的发展，为了适应市场需求，蜀绣逐渐地日用化。

中华人民共和国成立后，四川设立了成都蜀绣厂，专门从事蜀绣的生产和蜀绣艺人的培养，使蜀绣的发展跨进了一个新阶段。同时，也创造了一些新的针法，比如表现人物发髻的"螺旋针"，表现动物皮毛质感的"交叉针"等，这极大地丰富和拓宽了蜀绣的表现形式和艺术风格。近年来，在国家的大力支持之下，蜀绣有了新的发展，蜀绣的创作越来越符合年轻人的品味，还衍生出了许多的文创产品。

蜀绣在数千年的历程中，如同雪莲一般，虽然历经风云变化，起起伏伏，但依然傲立在悬崖之上，不断地尝试与创新。蜀绣是中华民族的瑰宝，是民族的骄傲，保护和传承这门技艺，为后世子孙留下这份宝贵的遗产，是我们每一个中华儿女的责任。

一袭传统

❀ 与蜀文化息息相关

蜀文化属于内陆农业文化，它的发展与治水息息相关。得天独厚的自然条件使蜀地饶沃、人民富足，为创造独特的文化模式和文明类型提供了良好物质条件。从地理位置来看，西蜀地处长江和黄河两大文明之间，介于西南和西北民族交汇、东亚和南亚文化交流的走廊之上，各种文化在此交融碰撞，孕育出独特的蜀文化。

蜀绣与蜀文化之间从源头上就有着千丝万缕的关系。以都江堰为代表的水利取得巨大的成功，让沃野千里的成都得灌溉之利，田肥美、民殷富，蚕桑业更为盛产，聚积各种地方农耕文化精华的蜀文化与此同时也逐渐孕育成熟。在富裕的社会物质条件和昌盛兼容的蜀文化氛围及悠闲享乐的精神倡导下，建立于丝织品上的蜀绣孕育和发展着。

❀ 绘画艺术滋养了蜀绣

唐末、五代十国，是中国历史上中原地区战乱频发的时期，而偏居川西平原的蜀地则有着难得的祥和，偏安一隅的社会环境使得蜀地在经济、文化上一度处于全国领先地位。许多画家为躲避战乱投奔而来，他们与成都本地画家一起创造了成都绘画的辉煌成就，这在很大程度上影响了蜀绣的发展。

公元935年，后蜀正式创建了中国历史上最早的"翰林图画院"。北宋皇帝宋徽宗非常重视刺绣艺术，在翰林图画院中设立绣工科，将刺绣细分为山水、楼阁、人物、花鸟，这不仅大大提高了刺绣的艺术性，而且加快了刺绣和绘画的融合。俗话说近水楼台先得月，蜀绣由于地利所便，运用当时著名画家的绘

翰林图画院

画作品为蓝本，极力体现了宋画绣的主要特色并沿袭下来。

由于蜀绣和绘画的种种渊源和关联，绘画中的意境也自然而然地成了蜀绣的艺术语言之一。这种独特的关联，使得蜀绣不论是绣制直抒胸臆的泼墨写意或是精致细腻的工笔，还是形象逼真通透凝重的油画，都呈现了如绘画般明丽清新、温润秀洁的意境之美。

蜀绣熊猫戏荷花 　　　　　　　蜀绣

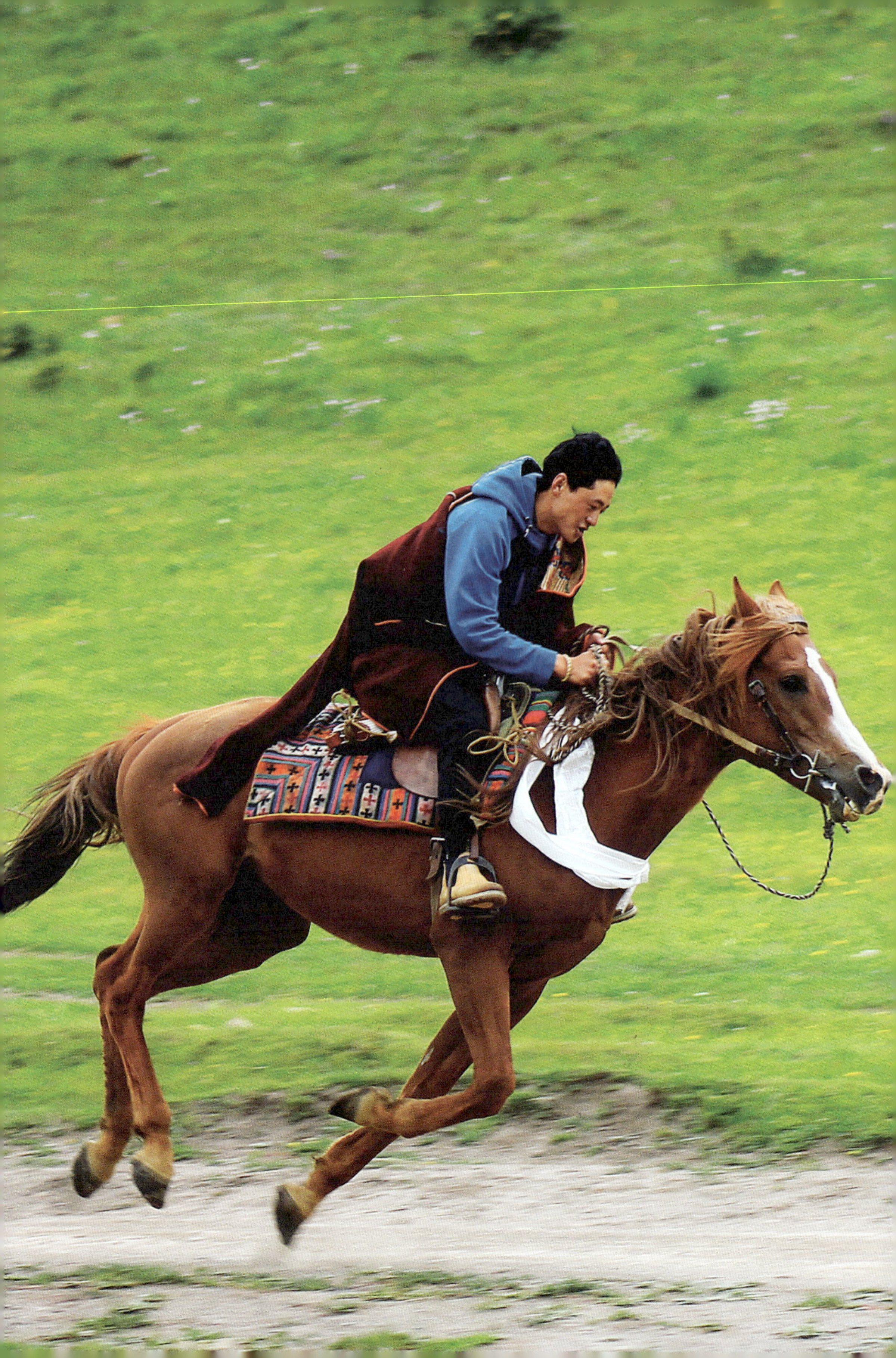

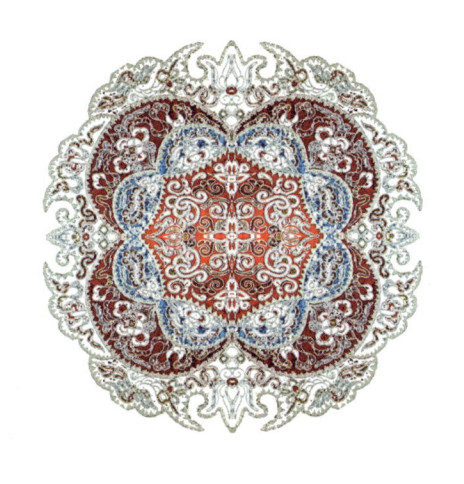

水族马尾绣
Shuizu Maweixiu

一件作品

图中的这件服饰是水族妇女的传统服饰——裙饰围腰。围腰分上下两部分，整体为"T"形，围腰的上部是胸牌，呈梯形，有两条长带；下部呈长方形。围腰一般采取浅色布或浅色缎面做衬底，在衬底上绣上图案，一般胸牌的四周是用各色丝线和马尾绣成的蝴蝶、藤蔓、花草等图案。

马尾绣精美绝伦、华丽大方、具有浮雕质感，远远望去宛若一幅彩色浮雕。水族马尾绣，顾名思义即水族人用马尾绣制绣品的技艺。水族马尾绣经水族妇女代代相传，又因其承载着水族人的历史与文化，故被誉为中国刺绣的活化石。2006年5月，贵州省三都水族自治县的水族马尾绣入选第一批国家级非物质文化遗产名录。

裙饰围腰

马尾绣局部

植物图案马尾绣

✦ 深色衬托彩色

马尾绣一般会选取深色为底色，图案先用无彩色丝线进行勾勒，再用丰富的彩色丝线来缓和协调，使整个图案呈现出繁复秀丽的效果。以三都水族马尾绣为例，运用黄、绿、红等亮色，色彩使用上堪称浓墨重彩，厚重且对比强烈，此外非常讲究色彩搭配，只有将色彩的使用协调好，整个图案才能呈现出融洽的视觉效果。

马尾绣

✦ 丰富的纹样富含寓意

✿ 鱼纹

水族人将鱼奉为自己的图腾之一。鱼一般被喻意为"余"，意指年年有余。鱼纹是水族人表达美好祝福的一种纹样。

✿ 水族古文字

水族古文字也称水字，是一种方块字兼图画文字，以表意为主。

✿ 蝴蝶纹

蝴蝶纹是马尾绣中十分常见的纹饰。据说蝴蝶曾经救过水族人民，因此水族人将蝴蝶绣在背带上，一是表达感恩，二是希望蝴蝶保佑孩子幸福平安。

❀ 凤凰纹

凤凰在中华文化中一直被誉为神鸟，是吉祥的象征。在水语中凤凰被称为"若免"。在水族的文化中，还有一个关于凤凰的传说，相传有一只凤凰救了一个姑娘的命，姑娘为了表达自己的感激之情，便将凤凰的样子绣在了围腰上，这样她就可以时时刻刻记得凤凰的救命之恩。

❀ 铜鼓纹

铜鼓在水族人生活中是不可或缺的，不论是重大节日还是祭祀，他们都会敲铜鼓、跳铜鼓舞。铜鼓会被水族人悬挂于庭中，可见其神圣且重要的地位。铜鼓纹在马尾绣纹中，有保护家宅平安、幸福安康之意。

❀ 铜钱纹

铜钱纹有两个寓意，一是象征财富，二是避邪。

❀ 植物纹样

水族人信仰极其丰富，他们认为万事万物皆有灵性，比如自然界中的山川河流、花草树木等，皆能保佑家人平安，保佑风调雨顺，保佑年年丰收。

背儿带　　　　　　　水族花卉蝶鸟纹布贴马尾绣背扇

美丽实用的绣品（马尾绣的用途）

背儿带

在三都水族里被称为"歹结"，其中"歹"是背带之意，而"结"则是指马尾。背儿带是水族妇女外出之时用于背孩子的工具。背儿带的花纹以植物纹样为主，妈妈们希望以此可以保佑孩子平安、幸福。

女性服饰

在三都水族，马尾绣在女性服饰中的运用非常广泛，水族女性服饰上或多或少都有马尾绣的装饰。在水族女性服饰中，马尾绣的使用主要体现在如下几个特点。一是马尾绣纹样集中出现在衣物的边缘，比如领口、袖子以及衣摆这些边缘部位。二是马尾绣图案一般由多种形式的纹样类型构成，比如融合植物纹样、动物纹样以及几何纹样等共同构成一个图案，使得整个构图显得饱满丰富、美观大方。

马尾绣纹样服饰

翘尖鞋

翘尖鞋的历史相当悠久，多见于我国的少数民族地区，水族的翘尖鞋就是其中具有代表性的一种。一双漂亮的翘尖鞋，往往是水族女性在展现自我时，不可缺少的一个亮点。由于翘尖鞋的布料面积较小，所以马尾绣一般采用通篇绣制花纹的模式。另外翘尖鞋通常会采用植物纹样、动物纹样以及几何纹样，使用亮丽的色彩，以达到绚丽的效果。

翘尖鞋

一位有缘人

❖ 妙手生花，绣写传奇：宋水仙

"继承民族精湛技艺，发扬优良互助传统，她用多彩绚丽的水族刺绣描绘出脱贫致富的盛景，筑起非遗精准扶贫的时代丰碑。"这是赠予获得国家级非物质文化遗产代表性项目水族马尾绣国家级代表性传承人宋水仙的揭晓词。

1965年，宋水仙出生在三都水族自治县三洞社区一个马尾绣世家，那里既是水族文化的流传地，也是水族马尾绣的发源地。宋水仙从小就沉浸在马尾绣的世界里，通过自己的努力学习，20岁的宋水仙就成了马尾绣制作能手。

马尾绣的工艺极其复杂，绣制周期长。因此随着现代化进程的加快，很多人都不再愿意学习马尾绣了，同时加上很多年老的

刺绣过程

马尾绣艺人渐渐老去，代代口手相传的马尾绣制作技艺传承趋势日渐萎缩。

看着这样的情况，宋水仙十分心痛。于是宋水仙怀着对马尾绣和对水族文化的深情厚爱，想到了一个两全其美的补救办法。她走遍三都县各个水族村寨，用自己的钱购买乡亲们手中的马尾绣，然后采取收购和寄卖的方式将马尾绣变成商品，这样的操作不仅让更多的人认识到了马尾绣，同时也给水族绣娘们带来了丰厚的报酬，更是极大地刺激了马尾绣的传承和保护。

2007年，她被贵州省文化厅授予"贵州省非物质文化遗产传承人"称号；2014年，获得中国艺术研究院、中国非物质文化遗产保护中心授予的第三届中华非物质文化遗产传承人薪传奖；2016年，在黔南州举办的绣娘喜迎建州60周年成果展暨第二届妇女特色手工技能大赛上荣获一等奖，还获得了黔南州民族团结进步模范个人、贵州省"巧手脱贫·锦绣圆梦"妇女手工技能大赛刺绣类三等奖等荣誉。

马尾绣局部

刺绣局部

如今的宋水仙将更多的时间用在对年轻一代绣娘的培养上。她每年都要到马尾绣流传地去举办传承培训班，她带出的"徒弟"，很多人已经成为马尾绣制作的高级工艺师。

宋水仙就这样将传统技艺与市场相结合，让马尾绣在新时代的背景下，勾勒出美妙的画面，绣出了自己的美妙人生。

⊕ 马尾绣的"桃花大师"——韦桃花

韦桃花出生于贵州省黔南布依族苗族自治州三都县中和镇板告村，幼时便跟随母亲、祖母学习马尾绣制作技艺，她不仅心灵手巧，还非常刻苦。经过几十年的不懈努力，韦桃花的刺绣技法均匀细腻，精妙绝伦。

她在传统的基础上，不断吸收其他民族的刺绣技术，博采众长，推陈出新，使自己的刺绣技艺得到了更大的提高。因此，韦桃花不仅用马尾绣出了自己精彩的世界，更让自己的人生枝头绽放出最绚丽的桃花，还被誉为"桃花大师"。

马尾绣局部

2008年，韦桃花代表水族来到北京奥运场村，向全世界的人们展示水族马尾绣的美丽风采。2013年中华非物质文化遗产博物馆聘请韦桃花为中华非物质文化遗产博物馆（中国珠海）特聘专家。2014年韦桃花创作的《马尾绣》经昆明官渡第四届全国非物质文化遗产联展组委会评选荣获"金奖"。2019荣获"中国非遗年度提名人物"。

近年来，韦桃花将精力主要放在免费传授马尾绣技艺上面，已经有几千余人自省内外慕名前来学习马尾绣技艺。她还受邀到瓮安职业学校、惠水旅游村、黔南师院、金阳职业学院、贵州大学等地授课。

韦桃花作为一名普通的水族妇女，默默地为马尾绣事业付出着自己的一生。她用自己真挚的情感和淳朴的美德，感染和带动着更多的人投入到马尾绣的传承中来，为马尾绣的不断壮大和创新奉献着自己的一份力量，这正体现了水族人民传统纯朴的美德。她的做法已经被当地妇女争相效仿，大家更加热爱自己的民族文化，让水族马尾绣这一传统的民族手工艺品，在发展旅游经济中成为民族旅游产品、艺术品。

精美马尾绣

一门手艺

马尾绣是水族一门传承了两千多年的古老刺绣技艺,其独特之处在于将丝线缠裹马尾后用于刺绣,这样的独特工艺,使得绣品极具立体效果,如浮雕一般,凹凸有致,触感极强。马尾绣的工艺流程可以分为刺绣材料、刺绣工具、刺绣过程来进行梳理。

马尾绣

刺绣材料

布料

布料依据马尾绣的用途进行选取。目前有两种渠道可以获取,一是购买现成的布料,二是自己织布。

线

线主要用来制作马尾线以及刺绣图案、花纹等。

马尾毛

马尾毛一般可以从被宰杀的马身上获取,也可以从活着的马身上获

马尾毛

取。在祭祀时，水族人会宰杀马匹，这被称为"敲马"。

金钱

金钱是一种小型的铜制圆环片，在马尾绣中用于装饰。

刺绣工具

针

马尾绣的针分为两种，一种是穿引马尾的大针，一种为普通的绣花针。

笔

在布料上勾画线条、绘制图案。

黏合剂

一种是用水和面粉加工而成，另外一种是直接用煮熟的糯米。

剪刀

主要用于剪裁布料、断线等。

刺绣过程

制作布壳

首先铺好一层布料，接着在布料上涂上糨糊，然后在上面覆盖一层布料，用双手挤压出其中的泡沫，使上下两层完全贴合，一般要粘贴2～4层的布料，最后晾干即可。

◉ **制作马尾线**

将2～3根的马尾毛被丝线包裹起来，丝线的颜色根据需求而定，一般会选取白色的丝线。

◉ **绘制图案**

首先选定好作画区域，然后可以选择由外向内绘制，也可以选择由内向外绘制。

◉ **框架图案**

此过程，需要两种针线协调进行。即穿有马尾线的大针先在布面上镶出图案，再用穿有各色丝线的绣针进行固定。

◉ **填芯**

用各色丝线将固定好的图案空隙部分填满。

绣线填芯

◉ **镶边**

马尾绣中的镶边，一般采用"花椒颗"的图案，颜色以墨绿色和橙色为主。

◉ **订"金钱"**

为了让绣品可以体现出金光闪闪的效果，会在绣品上订上"金钱"。这番操作，可以提升绣品的光泽度。

◉ **拼接**

一件完整的马尾绣绣品，是由若干块小绣品依据次序拼接而成的。这样的设计，极大地方便了绣娘们的操作。

一方水土

◉ 三都县的赛马

生活在贵州三都水族自治县的水族人喜欢马，他们的生活与马有着千丝万缕的联系。在水族的传统节日里，尤其是大的节日（比如端节），水族人就会举行赛马活动。三都县的赛马赛道有很长一段是狭窄的山路，骑手可以在马背上"合理冲撞"，因此水族赛马除了传统上的比速度，比的还有骑手的力量和胆识。水族赛马不计时，赛马选手最先跑完全程者为冠军。没有了正规赛马的规矩，水族赛马更为热闹，参与性也极强。

有马的存在，就少不了马尾的出现。由此推之，男子们养马赛马；女子们就将马尾这个看似与生活、艺术毫不相关的物件，进行了奇迹般的升华，让其变废为宝，成了一件件精美绝伦的马尾绣绣品。

正在赛马的男子们

赛马

❀ 水乡绿海　黔南明珠

　　尧人山国家森林公园距离贵州省三都水族自治县城东南约12千米，面积4000多公顷，地处云贵高原的东南面斜坡，地势自北向南倾斜，地形复杂多样，喀斯特熔岩地貌特征明显。当地水语称尧人山为"怒尧"，称尧人山原始森林为"弄台兰"。由于自然环境优越，尧人山的植被资源非常丰富，仅木本植物就多达430种，包括香榧、紫檀、南方红豆杉、银杏、鹅掌楸等国家一、二类保护树种；同时多种野生动物也在这里繁衍生息，有金钱豹、猕猴等12种以上兽类，有小鲵、角怪等两栖动物，有红腹颈鸡、白鹇等17种以上鸟类。因其丰富的动植物资源，被誉为"百里林海"、野生动植物乐园。

尧人山将大自然的神奇在这有限的时空内展现出了独具一格的风貌，再加上水族的民族风情，丰富多彩的民间传说，更蒙上了一层神秘的面纱，吸引着一探究竟的人们。

自然风光的浑然天成，动植物资源的丰富多样，这些都为历代水族人民在制作马尾绣时，提供了天然的题材库，一片叶子，一朵鲜花，一个动物……它们生动的形象，无不刻画在水族妇女的心中，她们以马尾绣为依托，抒发着崇敬自然、热爱自然的情感。

百里林海

一段历史

至今已知的最古老的马尾绣背带已有三百多年的历史了,但关于马尾绣因何而来,却没有相关的历史资料可循,因此还没有一个官方认可的说法。

水族人也想知道自己为何会有马尾绣,虽然没有历史依据,但这并不能减少水族人对自己民族技艺的追溯,于是许多的民间传说被创造和流传了下来。

❀ 龙女的故事

相传一位龙女骑着鱼幻化而成的白马,来到了水族聚集地,她不但善良而且心灵手巧,为了改善水族人的服饰,她传授水族妇女马尾绣技艺。

❀ 马的故事

传说在水族祖先迁徙的人群中,有一位牵马的师傅。在迁徙的过程中,这匹马与师傅共同克服了重重困难,患难中见真情,自此这一人、一马结下了深厚的感情。当这匹马死后,师傅为了纪念它,便将它的尾巴毛融入到刺绣中。

马尾绣是水族人重要的审美表达。20世纪80年代以前,水族人一直居住在较为封闭的环境,过着自给自足的日子。随着经济的发展,一方面因老一辈绣娘的相继辞世,水族年轻人对马尾绣的热情减灭；另一方面因服装工业化水平的提高，水族自制的服装逐渐被方便价廉的成衣所取代。这些综合因素导致了马尾绣的传承出现了断层的情况。

2006年5月20日，三都申报的马尾绣入选国家非物质文化遗产名单。这一消息的传来，为马尾绣揭开了新的篇章。为了适应市场发展，迎合市场需求，传承人们不断创造出新的纹样，开发出了马尾绣的钱夹、高跟鞋、女士箱包等深受当下年轻人喜爱的产品。创新为马尾绣的发展注入了新的活力，相信在未来马尾绣会谱写出更辉煌的史诗。

马尾绣

一袭传统

❀ 族源的记忆

马尾绣的勾尖花鞋，鞋形似船，鞋头尖而后勾，勾尖鞋的鞋面用"马尾绣"工艺绣上各种花纹图案。在水族的传说中，他们认为自己的祖先来自海边，而勾尖鞋的外形，恰恰呼应了这种说法，反映了水族人追忆祖先，希望驾船回归的寓意。

凤鸟是水族人崇拜的神鸟，寓意吉祥。关于凤鸟三都水族梅山村有这样一个传说，相传大概在明代万历年间，有一潘姓祖先由广西迁入此地，他看到南面有三座相连的山头恰似展翅飞翔的凤鸟，因潘氏通晓水书和风水地理，认为此地为可看到凤鸟的吉祥之地，便在此耕作安居。如今凤鸟是水族马尾绣纹饰图案最常见的主题，这应该是源自水族人对自身来历的一种追忆。

马尾绣的勾尖花鞋

彰显母性文化

水族人家的外婆会在其女儿生育第一个孩子的时候,将自己绣制的马尾绣背带作为礼物送给外孙(女),以此祝福他(她)一生平安健康、富贵吉祥。这份特别的礼物,只在水族女子生育第一个孩子时才能收到。水族之所以会有这样的规定,除了因为马尾绣背带制作的工序繁杂、费时费力、造价昂贵之外,更是因为马尾绣背带上蕴含着深厚的"母性"文化:一是"为母之道",母亲通过赠送背带,希望自己的女儿能够母慈子孝,婚姻稳定,从一而终;二是母爱,母亲历经辛苦制作完成背带,赞美讴歌了母爱的伟大与无私永恒,旨在传递尊母、孝母的习俗。

渴望美好生活

历史上,水族人居住环境较为封闭,交通不便,生活条件贫苦,使得底层的水族妇女只能把对美好生活的追求寄托在刺绣上,比如背带上反映蝴蝶救母子的故事、刺绣的双"寿"字等。石榴花、葫芦、鱼等都是多产的生物,水族妇女将它们绣在服饰上,表达了水族妇女期盼自己也能多子多福,子孙后代可以不断地兴旺发达。由于地理环境及生活环境,使得水族地区的人们接受教育的程度不高,因此,水族妇女刺绣书卷纹,以期望自己的孩子长大后能饱览群书,成为有学识的人。外界条件造成了水族人生活的艰辛,但水族妇女从马尾绣中绣制着自己的梦想与追求。

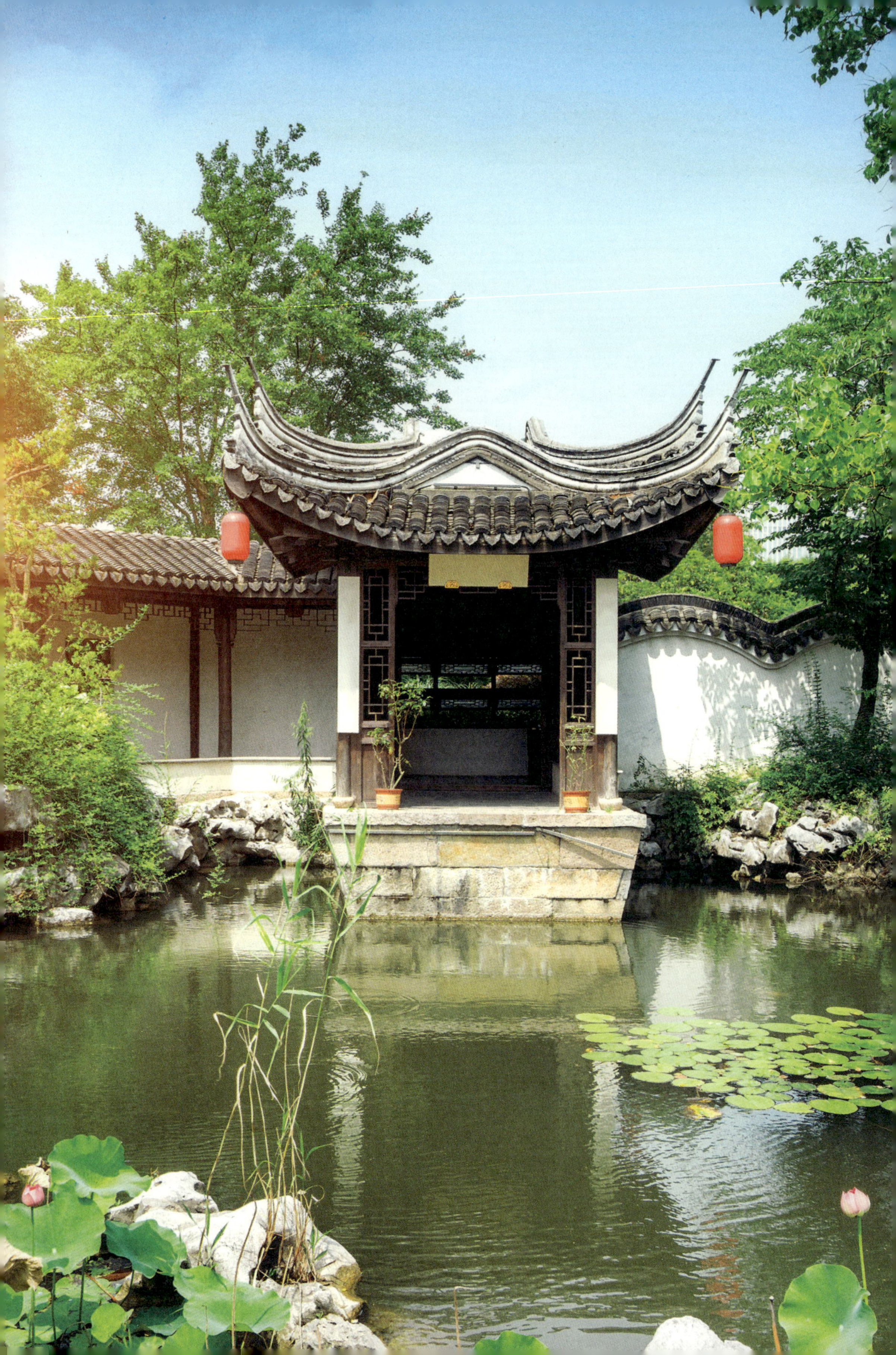

苏绣
Suxiu

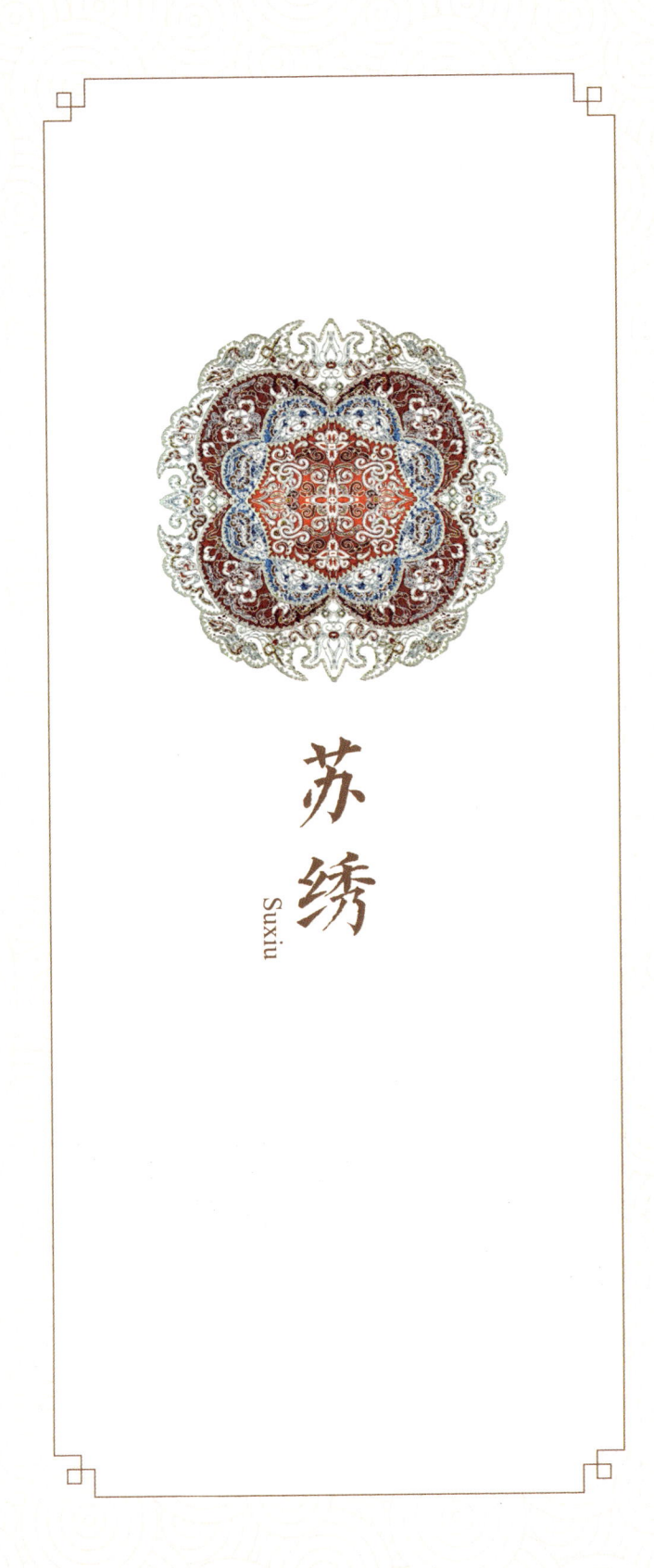

一件作品

中国工艺美术大师徐绍青设计了两幅苏绣名作。其中之一名为《白孔雀》，画面以白孔雀为主，红崖、墨竹相托，为便于刺绣艺人运针用线，绘者将孔雀的每一根纤细羽毛都处理得一丝不苟，孔雀的眼睛闪烁传神，红崖用笔浑厚，竹叶墨色虚实有致，经刺绣后，整幅绣面光洁匀称，秀美活泼，洁白的孔雀玉立于红崖之上，背依墨竹，面向太阳，在阳光的照射之下，白色的羽毛散发出银色的光彩。另一幅名为《海棠冠梅》，用笔工整细腻，色彩柔和淡雅。冠眉鸟毛片光润，活灵活现，树干挺拔，竹叶娟秀，花朵风神清逸，恰似听禽语呷，闻香馥郁，艺术境界至清至妙。

苏绣工艺

早在清代就确立了"苏绣、湘绣、粤绣、蜀绣"为中国四大名绣，其中苏绣居中国刺绣之冠。从上面介绍的两幅作品，我们可以看出苏绣具有图案设计巧妙，色彩清雅苏丽，绣工细腻柔美，地方特色浓郁的特点。苏绣因其产于苏州而得名，它是指以苏州为中心的刺绣艺术。

苏绣的艺术特色

秀丽生动

苏绣欣赏品题材广泛，构图工整简练，线条柔和美观，形象生动，意境深邃秀美，无不体现出江南水乡那细腻绵长的文化内涵。苏绣日用品图案以吉祥图案为主，内容丰富多样，寓意深刻，反映了吴地的民俗风情。

雅俗相宜

苏绣艺术以清雅恬淡为尚，但又不失淳朴、率真的个性，日用品雅而不媚，艳而不俗，秀丽可爱；欣赏品鲜而不火，文而不暗，华而不浮，重而不浊，柔和典雅。雅韵与俗趣的交相融合，尽显江南地域特色。

苏绣团扇

苏绣扇子

❀ 精细活泼

苏绣按题施针、因景赋艺，针法各展所长，效果各有其神。一幅绣品往往要综合运用多种针法来表现物象的丝理转折，其针脚细密，绣工精巧绝伦。苏绣善用分层退晕和抢针等方法设色，作品细致入微、纤毫毕现，享有"鬼斧劈线，神工运针"之美誉，其针法的特点是"和色无迹、均匀熨帖、丝缕分明、毛片轻盈松快"。

❀ 光顺和谐

苏绣的最大特点在于求光，这是因为光具有很强的造型作用。刺绣过程中，以光色运用之道，缜密处理物体的各受光面，可使绣品色泽鲜明、光彩炫目，完美呈现对象的质感。"顺"也是苏绣艺术追求的目标，顺讲究的是图案凹凸转折、阴阳向背都需要平顺。和谐，指绣者在掌握求光、运用丝理规律的基础上，始终整体把握刺绣对象的意境，选择最合适的底料、丝线、针法，确定正确的丝理走向，巧妙运用这些刺绣艺术语言，在施绣过程中，通过不断对比和修正，使对象渐趋合理，最终完美协调地统一整体表达设计意图，展现出苏绣特有的韵味与美。

苏绣向日葵

苏绣的分类

苏绣按观感分可分为：单面绣与双面绣两类。

单面绣

单面绣指的是绣布的一面绣上图案，图案素材可以任意选取，如植物、动物、人物、字等，一般适合于悬挂于墙面上。

双面绣

双面绣，顾名思义即两面均绣有图案。双面绣可分为双面同色、同形或双面异色、异形、异针的"三异绣"。双面绣对艺人们的技艺要求非常高，双面绣可谓是苏绣艺术中的一颗闪亮的明珠。

苏绣猫刺锦堆花钥匙套

苏绣按地域来划分，分别是本地绣、苏北绣和宝应绣。

本地绣

苏州当地人绣制的作品被称为本地绣，本地绣的产品具有色彩搭配协调，细腻光滑，绣工精致，绣线劈丝等特点。

苏北绣

江苏省盐城、淮安一带（苏北）生产的绣品，被称为苏北绣。其绣品因绣工普通，绣线不劈丝，而价格偏低。

宝应绣

江苏扬州宝应（苏中）所产的绣品称为宝应绣。宝应绣同苏北绣一样绣线不劈丝。风景和人物的乱针绣是宝应绣的优势技法，这样呈现出的作品色彩丰富且凸显立体感。

苏绣的针法

缠针

缠针走向为斜行，这边起针对面落针，方向都是一致的，针迹均密，边口整齐。缠针一般用于刺绣单一色的小型花叶、枝干。

平针

平针是各种各样针法之母，是基础针法。平针要求线条均匀排列，不能重叠，也不可露底。

抢针

抢针，又称为戗针，即是用短直针顺着形体的姿态，以后针继前针，一批一批地抢上去的针法。抢针在绣花瓣重叠的图样时，会在明显的地方留有一线的距离，以露出绣底达到界限分明的效果。

❀ 虚实针

虚实针讲究的是虚实并用、以实形虚。虚实针一般在绣制山水画的时候常用，为的是表现山水的缥缈形态。

❀ 滚针

滚针，通过两线紧逼的操作，最终形成条纹。滚针因其线条转折灵活的特点，常用于刺绣须、眉、头发等处。

❀ 链条针

链条针，因形状像辫子，又叫辫子股。

❀ 盘金

盘金，根据绣样的图案，将金线回旋，加在图案边缘的针法。

❀ 打子针

打子针，是将线条绕成粒状的小圈，即绣一针绕一粒。一般用于装饰性较强的图案。

❀ 散套针

散套针，是苏绣中较常用的针法，其特点是线条呈高低排列、皮皮相叠、针针相嵌。由于散套针的表现形式较为灵活，一般会用来表现禽类翎毛的形态。

一位有缘人

将苏绣技艺升华到理论的艺术家

沈寿,苏州人士,原名云芝,字雪君,是清末杰出的苏绣艺术家,仿真绣一代宗师,传统女红艺术的现代化先行者,素有"世界美术家"之称。她是第一位在国际艺坛上(巴拿马太平洋万国博览会)大放异彩的华人;第一位代表中国前往日本考察(刺绣)艺术的华人;也是中国大陆首创"女红传习所",开创中国职业学校先河的第一位华人。

沈寿天分很高,从小受家庭艺术熏陶,爱好绣艺,更添刻苦勤奋,15岁已成闺阁名手,20岁时与擅长书画的余觉结为伉俪,夫绘妻绣,绣品更具神韵。慈禧七十寿诞之际,沈寿率沈立、金静芬等人精绣《八仙上寿图》,慈禧看后,赞其为绝世神品,于

沈寿雕塑

沈寿簪花仕女图

是挥毫亲书"福""寿"两字,分别赐给沈寿夫妇,自此云芝便更名为寿。

1895年,沈寿受农工商部委派,赴日考察西洋美术和日本刺绣,眼界大开。回国后潜心针艺,经三年多揣摩,终于突破传统刺绣的摹古风格,将西洋美术知识和技巧融入绣艺中,首创仿真绣。代表作《意大利国王像》和《意大利皇后爱丽娜像》冠绝天下。仿真绣的发明,率先打破中国刺绣因袭数千年的传统,代表中国刺绣的最高水平,开辟了前所未有的新境界。

在长期患病、身体日趋羸弱之际,沈寿将40年艺术实践的甘苦与心得,一物一事,一针一法,口讲指画,细分类别,由张謇记录下来,整理成《雪宦绣谱》。这部呕心沥血的专著,把刺绣从纯粹的审美趣味升华到系统的理论层次。

沈寿仿真绣《美国女优贝克像》,惟妙惟肖,生动传神。

苏绣"皇后"——姚建萍

1967年，姚建萍出生在苏州镇湖新盛村。在这里，上至古稀老人，下至妙龄少女，没有不会描龙绣凤的。姚建萍学刺绣完全是出于喜欢。小时候，在假期里跟着母亲学刺绣是她最期待的事情，这一绣就是一整天。为了能够更深入地学习刺绣技艺，姚建萍曾到苏州工艺美术学校的刺绣班学习了三年，接着又拜刺绣大师徐志慧为师，在她家里学了整整四年。四载春秋，姚建萍每天坚持练习，时长均超过12个小时。通过这七年的学艺，她的刺绣技艺得到了飞速的成长，苏绣的千变万化，也在一针一线中呈现得淋漓尽致。

经过多年的苦心钻研，姚建萍博采众长，在传承前辈的基础上形成了独具特色的"融针绣"：用针融合各种技巧，艺术性地绣制、表现自己想要表达的艺术效果。

姚建萍"以针线表达时代"，创作出了一系列表达时代精神、民族精神的作品，如2012年，姚建萍为北京人民大会堂创作了苏绣巨作《春早江南》；2015年，她历时3年的原创主题苏绣巨作《丝绸之路》创作完成，系列作品之一被中国美术馆收藏；2018年，姚建萍率团队创作的巨幅苏绣作品《玉兰飘香》陈列于上海首届中国国际进口博览会迎宾厅。

姚建萍先后在上海美术馆、中国美术馆举办了个人刺绣艺术大展。她的多幅作品被南京博物院、中国美术馆、首届中国国际进口博览会、人民大会堂、白金汉宫等永久收藏。

从事刺绣20年，她的作品还曾多次随国家领导人出访，并被作为国礼赠送给各国领袖。

姚建萍的作品四次获得中国民间文艺最高奖"山花奖"金奖，十余次获国际大奖，苏绣巨作《我爱中华》搭载卫星遨游太空，是中国刺绣史上首个飞天的刺绣艺术品。姚建萍还因"韵光绣"（压光绣）刺绣针法的发明，获得了国家发明专利。多年的努力和成绩奠定了她刺绣"皇后"的地位。

指尖艺术　绽放新意——90后非遗传承人

1990年，姚兰出生在中国刺绣艺术之乡——苏州镇湖。

刺绣，自姚兰出生便渗透进她的生命。镇湖有八千绣娘，姚兰的奶奶、外婆、母亲、姑姑们，都以刺绣为业。很小的时候，姚兰便在母亲的陪伴下玩起了针线。

姚兰到大学才逐渐下了成为一名绣娘的决心。其读研究生时的导师洪兴宇老师更是她传承人道路上重要的引路人，赞成、支持她选择苏绣传承人的工作。在洪老师的建议下，姚兰修读了由苏富比艺术学院、清华美院和清华经管学院联合举办的苏富比艺术管理项目。在苏绣传承工作之外，她看到了外面的世界。

从清华美院毕业之后，姚兰即投身于苏绣的传承与创新工作中，通过品牌的创建和运营，希望从高度、广度两个方面发扬这项非物质文化遗产。于是在母亲姚建萍主理、姚兰协理下的品牌——"姚建萍刺绣艺术"应运而生。该品牌旨在将中国传承两千多年苏绣艺术的标杆高高举起，为后人研习苏绣提供教材和样板。

苏州镇湖劳作的人们

姚兰在苏绣市场化进程中，创办了"姚绣"。"姚绣"所代表的苏绣的广度，脱胎于苏绣新人的希望——更积极主动地扩宽苏绣融入生活的渠道，以展览加市场的模式，打开苏绣与年轻人接触的创新维度，让非遗走进生活。比如将苏绣融入腕表、融入项链耳环，设计DIY绣卡让普通人根据教程就能体验工艺。同时，还能针对用户个性化需求独家定制饰有苏绣的沙发、屏风、挂画等家装之物，相较于苏绣艺术作品，这些被附着于用具之上的苏绣图案更加新颖别致。

　　姚兰创建"姚绣"品牌，开启市场化之路，不是对上一代人努力的颠覆，而是对当下时代的探索。姚兰团队的"姚绣"品牌，打破了苏绣需要通过口耳相授来传承的壁垒，致力于借助新时代设计让传统与现代进行跨时空交流。姚兰作为一名90后的苏绣传承人，正在用新的思维和方法，传承着这一古老的技艺，让它在这个时代里焕发出新意。

苏绣扇子

一门手艺

❀ 绣稿的准备

❀ 选稿

绣品在制作之前首先要解决的就是"绣什么花样"。实用性绣品的绣稿，往往视为"图案"或"纹样气"。欣赏性绣品的绣稿，主要是绘画作品，从宋代就开始，以刺绣来仿制绘画作品，被称为"画绣"。

绣稿来自三个方面：母本的复制；根据摹本的再创造；原创绣稿。

选稿

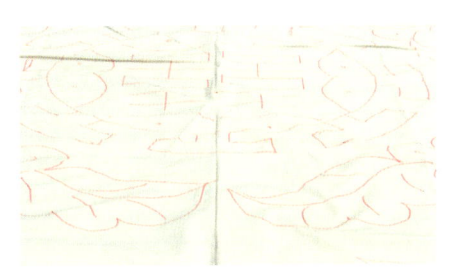

❀ 勾稿

绣稿来源于多种形式的画面，往往是点、线、面、色的复杂综合体，必须通过勾稿，把绣稿转化为"施工图"。根据原始花样（绣稿）描摹的"刺绣施工图"即可直接提供刺绣。目前常用的做法是用透明纸（拷贝纸或硫酸纸等）蒙在绣稿上，把轮廓和色块结构线，用铅笔勾成线描稿，称为"勾稿"。

第一步：量稿裁纸。

第二步：覆稿勾线。

勾稿

勾线图

苏绣　　167

◉ 勾绷

把完成的"勾稿"转移到刺绣底料上，称为"勾绷"。常用的勾绷方法：粉本漏印、复写纸转印、灯箱拷贝台透映描线。传统的勾绷是采用"粉本漏印"和"复写纸转印"的技法，但容易污染底料影响成品的观感。目前流行采用"灯箱拷贝台透映描线"的方法。

执笔

◈ 审稿决策阶段

◉ 配线色

审看绣稿，根据《花线色标》选择线色。各种艺术形式的绣稿（包括中国画、西洋画、图案）的色彩包含了色彩的属性：色相、明度、纯度。过渡色选取越多，绣品会越柔和和精致。

绣品

◉ 配线径

审看绣稿，决策绣线粗细的选取。绣稿画面的色块、笔触或线条，会呈现不同的视觉感受：是柔和细腻，还是锐利粗犷？画面的浓淡层次如何等。根据绣者审稿感受需要相配不同的线径，越细的线越能表现柔和的效果。以"根"为单位的线径只有一种尺度，必须通过"劈线"获得不同粗细的花线。

◉ 配针法

审看绣稿，决策用什么针法来绣。在古代，往往是用一种针法完成绣品。在当代，一个绣品往往用多种针法来表现画面的不同部分。

上绷和落绷

上绷

绷布与底料形成一体。
用嵌条把两端绷布嵌入绷轴嵌槽。
转动绷轴把绷布绷紧。
把绷闩插入绷轴两端的长方孔内。
把绷钉插入绷闩小孔。
在底料两侧用棉线缝交叉的斜格。
用棉线把底料边缘的缝线勾拉到绷闩。
最后绷挺底料。

落绷

落绷，即是把绣好的绣品从绷架上取下来。落绷分为常规落绷和切割落绷两种方式。

常规落绷：先把绷钉拔掉后，拆下两侧的绷线，然后卸下绷闩，松开绷轴，拉掉嵌条，取出绷布和底料，把底料两端的绷布拆除或切除，完成落绷全程。

切割落绷：如果预定采取"框式绷裹"装潢方法，也可以把上胶后的木框，直接放在底料底部，定位粘贴后，直接用刀片把绣品从绷架上切割下来，进行后续处理。

刺绣阶段

一般以执笔写字的顺手作为上手。开绣的第一针，是下手将针自下向上，刺出底料的上面，再由上手接针，再向下刺过底料，由下手接针。这样，循环往复，以针为笔、以线为色、以针法为笔法笔触，把绣稿的形象、色彩、构图完美而创造性地表现出来，就完成了刺绣的全程。

❂ 装裱

欣赏性绣品，在完工下绷之后，要经过装潢的环节，方能成为成品，而进入流通和使用的渠道。

❂ 绣品的裱托

传统裱托：在绣品的反面，用米粉调配的糨糊涂刷后，裱托在宣纸上。

板式裱托：把绣品直接裱托在木质或合成纤维的板材上。

❂ 绣品的绷托

在绣品的绷托载体，用快速高黏度的胶涂刷在载体的侧面与背面，然后把绣品绷裹压实在载体上。绷托方法使胶涂层不触及刺绣画面。

板式绷托：把绣品绷裹在硬纸板、木质板、合成纤维板等板材上，胶粘的位置在板材的侧边和背面。

框式绷托：把绣品绷裹在木框上，胶粘的位置在土木框边条的侧面、背面和内侧面。既可绷托单面绣，又适宜绷托双面绣。

一方水土

❀ 和合文化孕育了苏绣

苏绣的最早发源在苏州吴县（今江苏省苏州市吴中区和相城区）一带，后随着时间的推移，如今已遍布江苏各地，如无锡、扬州、东台等地。吴地因此处江南水乡，自然环境优越，人与自然和谐共处，故吴地奉行和合文化，即讲究和谐、融合、共生。

和合文化是吴文化的核心，所以它从古至今都在直接或间接地影响着吴地人们人生观、价值观和世界观。这一文化在苏绣中有着完美的体现，具体而言，苏绣的针法精致、构思巧妙、题材素雅、色彩丰富，这些特点的融合形成了苏绣"精细雅洁"的风格，其实这就是"和合"所讲的融合。

苏绣

苏绣中的庭院美景——苏州园林

苏州自然风光优越,湖沟塘堰星罗棋布,极利因水就势造园。苏州建造园林的历史可追溯到春秋时期的吴王的园囿,已知最早的私家园林是东晋的辟疆园,当时被誉为"吴中第一"。随着古代造林风气的兴起,使得如今苏州荣获了"园林之城"的称号。这些美丽的园林是自然风光与人文景观的完美结合体,是建筑界的精品,更是苏绣绣稿的重要来源。在苏绣中经常可以看到以园林为题材的作品,它不仅展示了绣娘的技艺,也艺术化地展现了苏州园林之美。

苏州园林

苏州园林一侧

❀ 乱针艺术的诞生地——宝应

　　宝应县隶属江苏省扬州市，闻名遐迩的京杭大运河穿境而过。宝应县有着2100多年建城史，古称"安宜""白田"，唐上元三年（761年），县境获"定国之宝"，肃宗诏书，将安宜县易名为宝应县，一直沿称至今。秦汉时期，宝应境内即渐次出现缫丝手工作坊。盛唐时期，宝应的缫丝以及刺绣民间工艺已经非常发达，《马可·波罗游记》也记载了宝应的民间刺绣。宝应人在具有悠久历史的民间刺绣的基础上，取长补短，将传统苏绣与乱针绣有机结合，自成一体，发展成为"宝应绣"，将宝应绣成一片锦绣。

　　宝应绣以针法运用为核心技艺，以线条的交叉、排列、叠加、组合来表现绣面，在继承传统平套针法的基础上，吸纳了乱针绣的技法，两者兼而用之。宝应绣，不仅在技法上讲究流畅、自然，更在意境上追求艺术性与工艺性的统一。

一段历史

根据西汉刘向《说苑》中的记载，可知早在两千多年前的春秋时期，苏绣在吴国已经运用到了服饰中。到了唐宋时期，社会、经济及艺术都得到了空前的发展，苏州成为除京城以外，全国经济、文化的中心，这为苏绣进一步的发展打下了坚实的基础。这个时期的苏绣，一方面针法上有了创新，另一方面其题材也随之扩大到了佛像、书法等领域。

苏绣十长生刺绣

元代的苏绣继承了宋代的技艺，但在艺术表现上与宋代还有一定的差距。明代时，江南地区已经成为丝织手工业的中心。以唐寅、沈周为代表的吴门画派的兴起，让苏绣有了更多可临摹的画样。临摹绘画作品的苏绣，将笔墨的韵味表现得淋漓尽致，可谓"以针作画""巧夺天工"。清代中后期，在原有苏绣的技艺上衍生出了"双面绣"，并且此时的苏州专门经营刺绣的商铺就有60多家。

时至民国，根据1933年编纂的《中国实业志·江苏省》中记载："苏州顾绣庄全盛时期，为民国十年至十五年间，当时每年营业额达四五十万元。民元之前出品大半销售湖南、河北、山西各省；现下大宗绣品，均供给上海及当地之需要，洋庄推销则有估衣店、民间掮贩。惟以前出品，都系整幅，刺绣花色甚少变动，近来重视零剪，且花式变动甚速。"可见当时苏绣生产规模与产量均较大。

中华人民共和国成立以后，在党和国家的关怀之下，苏绣的发展进入了一个新的时期。特别是在信息化、全球化的新时代，苏绣的艺人们将视野放眼全球，积极学习优秀文化，实践着苏绣的创新与探索。

一袭传统

❂ 民俗文化中的苏绣

苏绣产生于江南水乡，种类繁多的绣品与江南民俗生活息息相关，丰富的服饰、装饰、馈赠小件等绣品的汇入，使民俗活动更加多姿多彩，充满趣味与活力；绣品本身凝聚的地域风情与特色，令其成为不单是一件件令人爱不释手的手工绣品，更是富有意蕴的传统文化载体，璀璨生色，代代流传。

江南节多俗繁，为应时应节，绣娘们在节俗中一展绣艺，俏装倩服，赏心悦目，成为岁时节日的美好点缀。琳琅满目的刺绣小物件，用以烘托特定场合和氛围，或祈福求吉，或禳灾祛邪，表达着人们对美好生活的期盼。

比如小孩周岁的虎头帽、寄名袋、肚兜、钥匙鞋；婚礼洞房内满铺的"绣货"；丧俗的莲花绣等等，丰富多彩，寄托着民众的美好愿望，彰显出江南民俗的文化特色。

苏绣莲蓬

虎头帽

⊕ 情意中的苏绣

过去的绣品，多为两性相爱表达情意的信物。但凡男女结识私情，几乎无绣不成情。一双绣鞋、一只荷包，哪怕一方小小手帕，就绣制者来说，一针一线无不寄托着悠长的情思；对被赠者而言，则可通过对形、色、纹、针法等无声话语的欣赏，获得审美感受，珍藏起或矜持或直白的种种爱意。并在亲自使用这些绣品时，或睹物思人，或夸耀于亲朋，观赏时、谈笑间，温情流淌于心田，体味生活之美和人世之情。因此，每位女子都会费尽心机，撷取最流行的针法、样式，构思最美的纹样，以最精心的绣制，寄托自己的情思。贫家女、闺阁秀概莫能外。鲜亮精美的绣品，内蕴的美好心意，让日常生活处处充满美和温馨。

苏州刺绣挂件

历史中的苏绣

从历史的角度来看苏绣作品，除了感叹它的精美，您一定还能为其所蕴含的文化信息所惊叹！已经有两千多年历史的苏绣，它每个时期的作品都有着那段历史的记忆。史书的记载必定是有限的，尤其是关于民间的风土人情、习俗惯例等。苏绣艺人们将自己的所见、所闻刻画到苏绣作品中，因此这些作品渗透着他们对当时社会文化、道德习俗的认识与理解，正是这样自然、真实的记录，让后人可以看到史书之外的历史。

苏州丝绸博物馆展厅

苏州缂丝
Suzhou Kesi

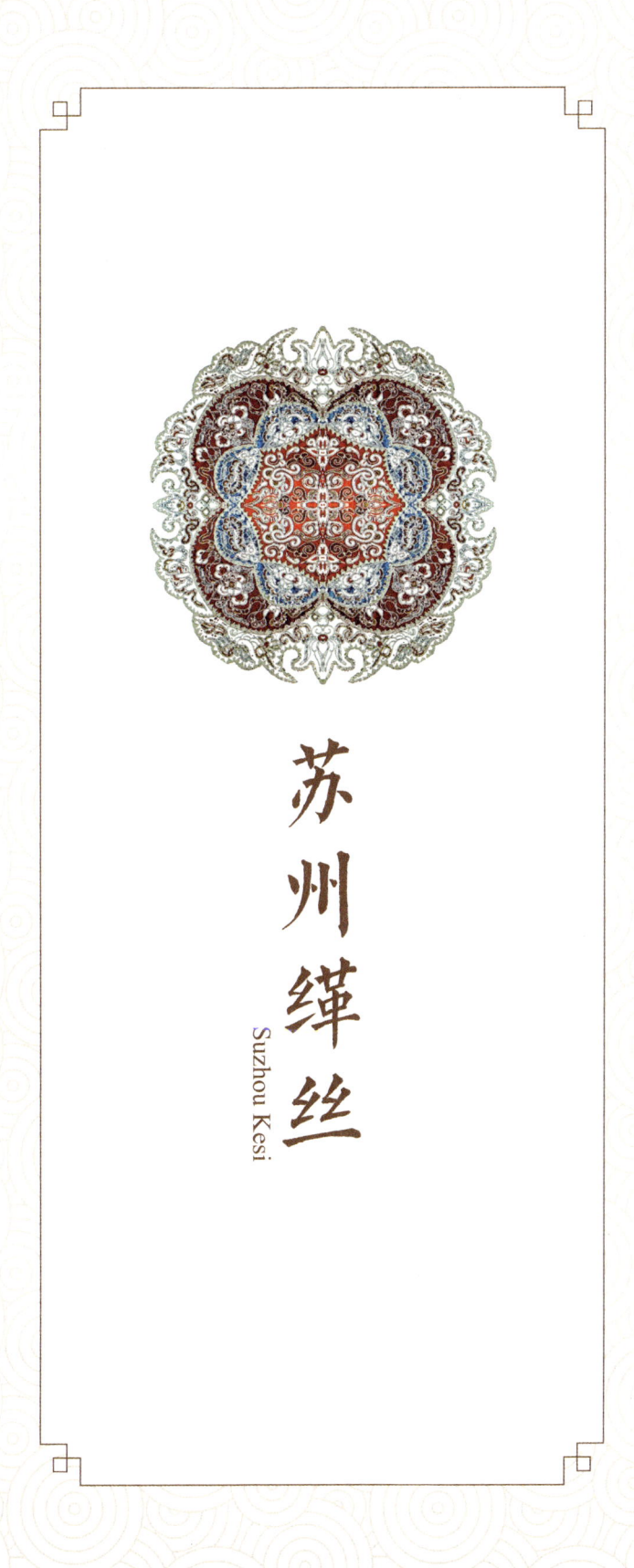

一件作品

南宋缂丝名家沈子蕃的《梅花寒鹊图》，系北京故宫十大镇宫之宝，也是宋代缂丝工艺最杰出的代表作。该图摹缂的是宋人写生工笔花鸟画，沈子蕃熟练地运用平戗、长短戗、包心戗等多种缂丝技法，生动细腻地刻画出了一枝苍劲的老梅树，梅枝挺拔，梅花簇簇，四周万籁俱寂，梅树干上两只寒鹊相互偎依着伫立在枝头，其中一只将头埋在翅膀下，悠闲自在；另一只似乎正充满希望抬头仰望前方。

缂（音同：刻）丝，又被称为"尅丝""刻丝"，从字面意思理解就是"被雕刻的丝绸"。缂丝是我国最传统的一种挑经显纬的丝织工艺，因其雕刻版的视觉效果，使其极具欣赏性和装饰性。自宋元时期以来，缂丝丝品一直是皇家御用之物，常用在织造帝后的服饰和御容像上。随着时代的发展，缂丝工艺也用来织造佛像和摹缂名人书画。缂丝技艺讲究细致，因此需要耗费大量的时间，更因其成品的观赏度远高于临摹的原作，人们习惯用黄金来比喻缂丝的珍贵，即"一寸缂丝一寸金"。

缂丝的配色

缂丝一般不用非常鲜艳夺目和对比很强的色彩，它在配色上要求素雅文静、稳重大方。

元代缂丝缠枝牡丹

❀ 古朴淡雅的配色

中国的国画意在写意,所以配色上讲究古朴和淡雅。缂摹国画时,缂丝为了能表现出画作的意境,追求色彩晕染的效果,故在色彩上自由变换,以呈现出作品的丰富层次感。

乾隆缂丝仙山楼阁图

❀ 富贵堂皇的配色

金色一直是表现富贵堂皇的首选颜色。在缂丝也不例外,值得一提的是缂丝作品中使用的金线,多数是由黄金打造而成。在缂丝作品中,在使用金色丝线的同时还会搭配灰色系丝线,这样做是为了让画面显得明快,凸显光辉绚烂的视觉效果。

故宫珍宝馆金缂丝万年如意

❂ 简约的配色

此种配色迎合了当下审美的需求，追求时尚简约的现代质感。这主要针对缂丝钱包、卡包、扇套、茶垫等一系列生活艺术品。

荷包绣品

❂ 缂丝的题材

❂ 御用图案

此种图案专为帝后所用，因此图案纹样繁复，对织造技艺要求极高。

万历帝缂丝十二章福寿如意衮服

❂ 宗教图案

宗教主题也是缂丝作品常见的题材，主要以佛像为主。缂丝艺人在制作佛像时，将他们对佛像的虔诚融入作品之中，这使得缂丝佛像形态逼真、慈祥博爱。还因工艺的精致被称赞为丝织佛像中的精品。

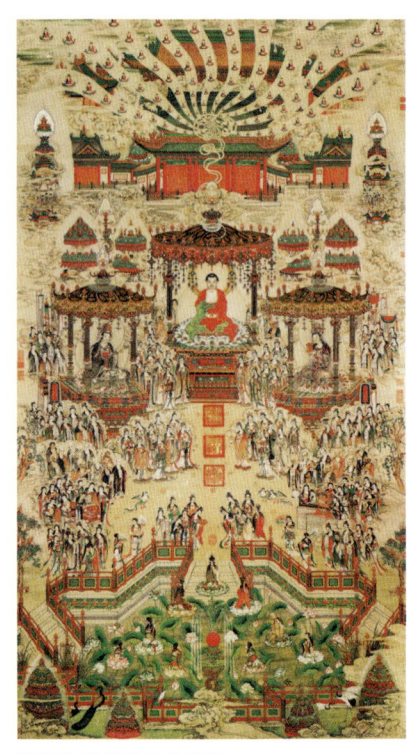

❂ 书画图案

此类题材兴盛于北宋，受到当时绘画艺术与书法艺术繁荣的影响，开始出现了大量以名家书画为蓝本的缂丝作品。

阿弥陀佛极乐世界图轴

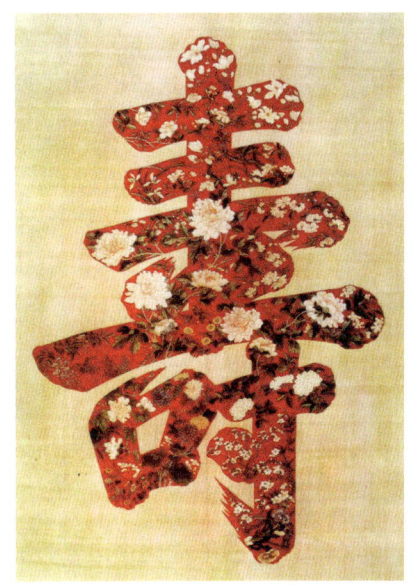

乾隆缂丝乾隆御制诗花卉册　　　　缂丝大寿字轴

❀ 民俗图案

主要为吉祥如意图案，体现了祝寿、祝生子、祝夫妻美满等寓意与祝福。

缂丝的技法

缂丝的织造技法分为：结、掼、勾、戗、绕、盘梭、子母经、押样梭、押帘梭、芦菲片、笃门闩、削梭、木梳戗、包心戗、凤尾戗等。接下来，我们将详细地介绍几种技法，从技法的角度领略缂丝的魅力。

◎ 长短戗

又称"梅花戗"，用长短不同的各色丝线，根据物体生长的特点无规则地织出自然的效果。

◎ 木梳戗

因形状如木梳一样而得名。即颜色深浅不同的丝线，呈长短状从左向右或从右向左整齐排列。

◎ 凤尾戗

与"木梳戗"相似，凤尾戗形状如凤凰的尾巴，因此得名。

◎ 包心戗

从颜色上来看由深到浅或由浅到深，从技法上来看则是从两边向中间走线，这样可以呈现出立体感和渐变感。

◎ 参和戗

它与包心戗一样，利用色彩的深浅变化，加强作品的立体感。

◎ 缂鳞法

该技法的效果似鱼鳞甲片，还可用于缂织鸟、凤凰等的羽毛。

一位有缘人

❂ 传承人：王金山

王金山（1939—2020），中国工艺美术大师，苏州缂丝研究会会长，国家级非物质文化遗产项目苏州缂丝织造技艺代表性传承人。

王金山出生于苏州阊门外一个普通家庭，受苏州千年文化底蕴和氛围熏陶，并自幼受父亲的教导，同时受到周边地区玉雕、剧装戏具、桃花坞木刻年画等民间艺术的影响，8岁那年他就爱上了作画与写字，梦想成为一名艺术家。因家庭贫困，1956年，王金山初中毕业后，便进入苏州刺绣工艺美术生产社（现苏州刺绣研究所）学艺，拜缂丝名人沈金水老艺人为师，学习缂丝技巧。

1957年，经过一年的刻苦学习，王金山技艺长进很快，已初步掌握了"结、掼、勾、戗"的缂丝技法，成了学徒中的佼佼者，成为新中国第一代缂丝艺人。在学习缂丝的过程中，王金山认识到学好缂丝技艺的同时，还应当学习书法、绘画，于是他先后向顾仲华、张辛稼、吴羌木、徐绍青、张继馨等画家学习书法绘画技艺。

1962年8月，在苏州市工艺美术局于北京团城举办的"苏州工艺美术展览"中，王金山制作的《采桑图》入选参加了展览。

1963年，北京故宫博物院院长吴仲超和中国织绣专家魏松卿专程来苏州，邀请沈金水赴北京，尝试宋代缂丝名家沈子蕃作品的复制工作。因身体和年龄的原因，沈金水无法承受长距离的路程。所以苏州刺绣研究所的领导徐绍青推荐了王金山加入此次修复工作。1964年，王金山与丁仪、徐邵青成功复制了沈子蕃的《梅鹊》。王金山在故宫从事了三年的复制缂丝工作，使得他的缂丝技艺突飞猛进。

梅鹊图

    1977年，一幅高2米、宽8米，以毛主席诗词《西江月·井冈山》为题材的缂丝作品横空出世。这幅在王金山的指导之下，由苏州刺绣研究所的缂丝艺人们怀着对伟大领袖毛主席的无限深情，精心织造而成的作品，浓淡相宜，层次繁而不乱，字里行间起落有致，前后呼应，给人以一气呵成的美感。现陈列在毛主席纪念堂西大厅里。

    1982年，王金山创新制作出双面三异（异色、异样、异织）缂丝——《牡丹·山茶·蝴蝶》。第一次突破了传统缂丝"纹色正反如一"的技法，作品正反两面三异：一面是牡丹，另一面是山茶花；一面是蝴蝶，一面是尾叶栩；印章异，一面是"缂丝"两个字，另一面是"王金山"三个字。这幅《牡丹·山茶·蝴蝶》被列为珍品收藏在中国工艺美术馆。

    2006年，王金山成立了大师工作室，在继续钻研缂丝艺术的同时，培养年轻缂丝新人。先后招收了10多名学员，用以师带徒的方法，进行了传、带、帮，改变了缂丝后继乏人的状况。王金山将自己的一生都奉献给了苏州缂丝的发展与传承。

❁ 缂丝匠人：郝乃强

85后的郝乃强来自河北临西，是一个地道的北方人。而这个地道的北方人心中却一直有一个江南梦，怀揣着这个梦，郝乃强考进了苏州大学，来到了这个吴侬软语的才子之地。

2012年，还在读大三的郝乃强，因一个偶然的机会，报名参加了学校组织的一个非遗手艺班，在那里他第一次接触到了缂丝技艺，从此便沉浸其中，彻底爱上了这门古老的技艺。

郝乃强自幼喜读古典名著《红楼梦》，对书中人物的衣着描写颇为上心，其中一段对缂丝褂子的描写让他颇为好奇，即王熙凤送给花袭人一件石青八团缂丝褂子。郝乃强只能通过文字在想象中描绘这个褂子的样子，自此这便成了他心里的一个结。

自从接触到缂丝，郝乃强便立马沉浸其中，他觉得他找到了解开心结的钥匙。

2013年，郝乃强以优秀毕业生的身份毕业于苏州大学染织艺术设计专业。当时很多同班同学都进入了企事业单位从事设计工作，只有郝乃强选择了去苏州刺绣研究所做一名学员。很多同学都很诧异他的决定，但郝乃强的心里有一

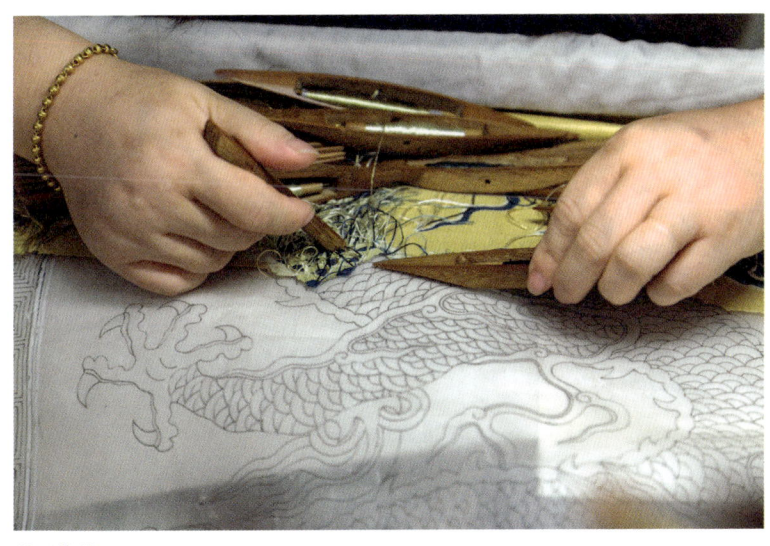

缂丝技艺

个坚定的信念——学习缂丝。

  自此郝乃强一边向老匠人请教，一边收集各种关于缂丝技艺的资料。每天在织机前一坐就是十来个小时，这一坐就是10年的时间。他一心一意地学习缂丝技艺，水平也在不断地进步。同时他还先后担任多位缂丝大师助理，并多次在国内文化展会活动上表演缂丝技艺。

  2014年，郝乃强成立了自己的工作室——苏州经纬华彩缂丝工作室，并凭着复缂故宫的四款纨扇惊艳四方，获得了业内人士的认可与关注。创业的过程异常艰辛，在最困难的时候，郝乃强也曾想过放弃。但凭着对缂丝技艺的热爱，他坚持了下来。功夫不负有心人，随着郝乃强缂丝作品的不断推出，找上门的客人也越来越多，他的名气也越来越响。同时郝乃强也从未停止过对缂丝延展空间的探索，他制作了缂丝团扇、缂丝腰带、缂丝旗袍，还有缂丝灯具、缂丝包等一系列的作品，有些作品还登上过热门综艺节目的舞台。缂丝技艺的传承，在郝乃强身上散发出了新的气息。

缂丝技艺

一门技艺

缂丝的织造技艺要求较高,需要经过严格的学习和实践才能掌握。比如缂丝一梭纬线通过之处,需要变化不同颜色的纬线以实现构图的效果。缂丝工艺流程可以分为四个阶段,即准备、上机、织造、织后修整。

准备阶段

络经线
将生丝线摇到竹制的篗子上。

牵经线
将篗子上的丝线根据经线的尺寸和需要把经线根数牵出来。

明代缂丝凤穿牡丹团花

✦ 上机阶段

❀ 套箸
将每根经线穿过竹箸之中。

❀ 弯结
经线穿入箸中之后,先用木梳将其梳均,然后在其末梢打结。

❀ 拖经面
将梳好的经线卷到后轴上。

❀ 嵌经
将经线嵌入前、后轴上。

❀ 撬经面
为了使经面能够绷紧,需要用撬棒撬动前后轴。

❀ 挑交
将绷紧的经面分成上下两层。

❀ 打翻头
经过挑经之后,将经线分别结在前后两片翻头木片上,让经面可以上下交替开口。

梳经面

梳理经面，使其呈均匀状。

织造阶段

画样

毛笔将勾好的画样依纹样描绘在经面上。

摇线

将丝线摇绕到梭子中的芋筒上，接着将线筒装进梭子。

缂织

按照经面上画好的样稿，用小梭分块缂织。

织后修整

修毛头

需要把正面的毛头修剪干净。

检查

检查是否有织漏的地方。

装饰

将缂织作品从经线上剪下进行整烫、装裱。

一方水土

◈ 富饶之地

上有天堂，下有苏杭。

苏州是一个东临上海、南接浙江、西抱太湖、北倚长江的江南之城，温和的气候、充沛的雨量，使其生态环境十分的优越，尤其适合桑蚕的养殖。历经千年的京杭大运河依然在这里川流不息。丰富的物产，便捷的交通，苏州成了无数人向往之地。

自明代伊始，苏州就开始学习和使用棉织布技术了，由于丝线需求的增长，湖州、吴江等地的农户纷纷开始从事蚕丝业。随着市场的繁荣，明中期苏

苏州古运河沿河人家

苏州园林景色

苏州水榭

州逐渐形成了棉布、丝绸的交易中心。同时海外贸易的开展，使得苏州成了一流的商会都市。在此形势的影响下，苏州形成了以精致、细腻、多变、丰富为特色的吴文化。缂丝技艺也在这种情况下形成了自己独特的艺术风格。

传承之地

苏州是我国缂丝技艺传承过程中唯一没有中断过的地区，它对中国缂丝技艺的发展有着重要的贡献。自宋代开始，缂丝的生产中心经由华北（北宋之前）—定州、卞梁（北宋）临安、苏松地区（南宋）—苏松地区（元代）—苏州、北京宫廷（明代）—苏州、杭州、湖南祁阳、浙江温州（清代）—苏州（民国）。由此可见，苏州自南宋以后就成了中国缂丝生产的中心。苏州缂丝一直坚守着中国缂丝的传承和延续，是中国纺织技艺中不可缺失的一环。

丝绸之地

经考古发现，苏州太湖流域的新、旧石器时代遗址里出土的遗迹和文物，证实了在四千七百年前，太湖流域已有被誉为"世界上原始农业时期最伟大创造"的养蚕、取丝、织绸工艺。自此丝绸与苏州开始了一段相伴至今的旅程。苏州丝绸不仅作为贡品供皇家享用，还是当时中国海上贸易最受欢迎的产品之一。

苏州拥有悠久的丝绸织造历史，这也为缂丝从北方传入创造了良好的物质环境，更为缂丝在此更好的发展创造了良好的技术基础。

太湖

一段历史

缂丝起源何时，已经无从考证。但通过考古以及历史记载，可知隋唐时期缂丝技术已经趋于成熟。唐代时的缂丝图案还是比较简单的，主要是几何形花纹，色彩的使用没有那么讲究，没有渐变色。值得一提的是，那个时候的匠人为了增强作品的效果，已经开始使用金线做底纹了。

到了宋代，为了使缂丝作品的效果更为精美、雅致，工匠们在日复一日的劳作中不断地尝试着新的技术。掼、构、结、搭梭、子母经、长短戗、包心戗和参和戗等技法的出现，不仅增加了纬丝的色彩，还能灵活处理纬线的松紧。

这一时期，缂丝作品的题材相当的广泛，比如山水、人物、花鸟等。还出现了很多缂摹名家书画的精品，比如北宋缂丝名家

宋朝作品——仿南宋朱克柔缂丝莲塘乳鸭图

沈子蕃的《青碧山水》《梅鹊》，南宋缂丝名家朱克柔的《莲塘乳鸭图》，等等。宋代缂摹丝品从构图上来说设计严谨，从颜色上来说色彩光亮、配色和谐，从工艺上来说工丽巧绝。难怪清代书画鉴赏家卞永誉曾这样描述过缂摹作品："文倚装成，质素莹洁，设色秀丽，画界精工，烟云缥缈，绝似李思训。"

元代时，缂丝被广泛地应用于佛教用品和官服上。也许跟蒙古人的性格有关，元代缂丝不再似宋代那般追求细腻柔美的风格，反而展现出了豪放粗犷之风。明代时期，早期的资本经济开始萌芽，苏州出现了大量的民间缂丝作坊，尤其是齐门外的陆墓和蠡口等地，有大量的缂丝匠人聚集生产。此时的苏州已经成了重要的缂丝产地。

缂丝走进清代，迎来了其在封建社会的最后一个黄金时期。苏州缂丝行业有了进一步的发展和壮大，从城郊陆墓、蠡口扩展到光福、东渚一带。江南织造局专门派遣专员来苏州督办缂丝生产，此时的苏州已然成了全国的缂丝中心。随着晚清时期国势逐渐衰弱，战乱不断，民不聊生，缂丝工业也开始走下坡路。

清朝作品——清代缂丝白鹇补子

一袭传统

❀ 书画之美

从宋代开始，随着缂丝技术的不断革新，缂丝匠人们颇为喜欢缂摹名家书画。这一是源于宋皇室对书画的喜好；二是宋代涌现了许多出色的书画名家，比如宋代书法四大家蔡襄、苏轼、黄庭坚、米芾；南宋山水画四大家李唐、刘松年、马远、夏圭等。这也使得缂丝的艺人们钟爱书画类的画稿，如朱克柔、沈子蕃等，他们的精致作品背后，就是对画稿的慎重筛选。为了能体现出书画中的神韵，缂丝艺人们在工艺制作中会根据画面不同的形象，选用不同粗细松紧的丝线，运用丰富多样的缂丝技艺来表现，这样的操作不仅把原作摹刻得惟妙惟肖，还更富有肌理质感之美。

杨士贤缂丝花卉册之秋海棠

❖ 装饰之美

缂丝工艺极具装饰之美，它在美化生活的同时，也丰富了人们的精神世界。缂丝工艺最初的出现跟其他工艺一样，都是以使用为目的，因此当时缂丝的图案都是较为简单的几何纹样。也就是从宋代开始，缂丝开始逐渐倾向于观赏性。缂摹名家书画，是缂丝丝品中的精品，因丝线柔顺、光泽饱和的特点，使缂丝书画作品的装饰性更甚于原作品。元代的缂丝丝品中因加入了大量的金线，不仅进一步地提升其装饰性，更显得作品富丽堂皇、光彩夺目。

❖ 现代之美

时代在发展，为了能够满足大多数人的需求，缂丝的作品也在不断革新和发展。拥有现代审美眼光和缂丝技术的艺人们，在对传统缂丝丝品进行深入地研究与探索的基础上，他们去粗存精，批判地继承前人的技艺，开发出适应当下市场的产品，并力求其在设计、色彩搭配等方面跟随潮流，将时代的气息注入到传统的缂丝技艺中来，让这个传承千年的技艺重新站在时尚之巅。